汉语词汇的流变

中华文化研究小丛书

张联荣 著

漓江出版社
·桂林·

出版说明

　　文化是人类的本质，唯有文化的兴旺发达，才有国家民族的振兴强大。中华民族五千年文明史，辉煌璀璨，一脉相传，从未间断，独步于世界民族之林。为弘扬传统，播传新知，砥砺精神，建设文化强国，我们谨从"秉文化情怀，做文化事业"的社训，特地编辑出版这套中华文化研究小丛书，以传扬民族文化精华，发布专门研究成果，期为读者、研究者阅读参考。作者均为国内外文、史、哲领域建树颇丰的专家、学者，他们从各自擅长的专题，提供简明扼要的讲析，文字不在其多，书不在其厚，重在见解之通达准确，独有会心，能予读者真知与启迪，领悟精要，涵泳其间。本丛书是一开放性的项目，我们真诚欢迎在这一主题下有更多的佳作加入其中。

漓江出版社本丛书编辑部

目 录

绪　论

请读者先看下面一段文章：

> 王曰："格尔众庶，悉听朕言。非台（yí）小子，敢行称乱。有夏多罪，天命殛之。今尔有众，汝曰：'我后不恤我众，舍我穑事，而割正夏[①]。'予惟闻汝众言。夏氏有罪，予畏上帝，不敢不正。今汝其曰：'夏罪其如台？'夏王率遏众力，率割夏邑，有众率怠弗协，曰：'时日曷丧，予及汝皆亡。'夏德若兹，今朕必往。尔尚辅予一人，致天之罚，予其大赉汝。尔无不信，朕不食言。尔不从誓言，予则孥戮汝，罔有攸赦。"

初读古文的朋友一定会感到这一段文章佶屈聱牙，有些地方百思不得其解。这是《尚书·汤誓》中的话，说的是商汤征讨夏桀时的一段誓词。如果用现在的话说，大意就是：

[①] 依《史记·殷本纪》，这个"夏"字是多出来的。参孙星衍《尚书今古文注疏》，中华书局。

王说："你们大家都来听我的话。不是我这样一个后辈小子敢于胡乱行事，实在是夏氏罪恶多端，上天命我诛灭他。现在你们大家却说：'我们的君主不顾念我们，废弃我们的农事，侵害政事。'我听到了你们大家的话。夏氏有罪，我畏惧上帝，不敢不去征讨他。你们也许要说：'夏氏的罪到底怎么样？'那夏王竭尽民力，损害了夏国。民众懈怠，不再和他合作了，都说：'这个太阳什么时候才灭亡呢？我们情愿和你同归于尽！'夏氏的行为像这样，所以现在我一定要去讨伐。你们要努力辅佐我，施行上天对他的惩罚，我会大大地赏赐你们。你们不要不相信，我决不食言。如果不听从这一次誓言，那我将把你们沦为奴隶，或加以刑杀，没有人能够得到赦免。"

这段文章读起来之所以比较困难，从语言本身说大致有三方面的原因：语音的、语法的、词汇的。比如说文章中有两个"台"字，都不念 tái，而要读作 yí。"非台小子"的"台"做"我"讲，"夏罪其如台"就是"夏罪其如何"，都有语音方面的问题需要研究。语法方面也有和现在不一样的。比如"夏罪其如台""予其大赉汝"两句中的"其"，都是放在句中的虚词，分别表示疑问、推断，我们今天就没有这种说法。词汇方面的不同就更为显著，比如：

格：来　　　　庶：众人　　　悉：都
称（乱）：举　　殄：诛灭　　　恤：顾念

穑事：农事　　丧：灭亡　　赉：赏赐

这样看起来，要读懂这么一段古文，语音、语法、词汇几方面的问题都需要解决。三方面比较起来，词汇这一面的问题显得更加突出。拿语音来说，古今确实有很大的变化，但不论是过去还是现在，声母、韵母、声调都是有限的，这有限的声韵调依照一定的规则组合在一起，就成为一个整齐的系统，这个系统的变化是有规律可循的。至于语法，主要有句法和虚词两方面的内容。虚词（比如上面说到的"其"）是有限的，我们可以大致说出一个数儿，这就有可能逐一地做穷尽的研究。句法讲组词和造句的规则。一种语言可以有无数个句子，但语法规则是有数儿的，就像下棋一样，车马炮应当摆在什么位置，怎么个走法儿，得有一定的规则。

说到词汇，可就不然了。第一，是数量庞大。拿咱们汉语来说，到底有多少个词儿，有的书上说有好几十万，但这是个估摸的约数儿，谁也说不准的。所以要做穷尽性的研究，几乎是不可能的。第二，有相当一部分词，古代和今天完全不同，比如上面讲到的"格""称"。还有一部分词，它们的古义和今义既有相通之处，又有区别，如果冒冒失失地拿今天的眼光去看，出了错自己还不知道。这种古今的变化头绪纷繁，情况复杂，掌握起来十分不易。所以读过一些古文的人觉得词汇很叫人头疼。第三，退一步说，即使下苦功夫一条一条记住了每个词的古代意义（实际上是不可能的），那顶多是解决了一半的问题，因为你还没有掌握规律。打开一部大部头的词典，里头收了那么多词儿，这些词怎么来的？一个词有好多个意义，这么多意义又是怎么来的？哪个在前？哪个在后？互相之间有什么联系？支配这些联系的规律又是什么？那么多的词儿，是杂乱无章，还是和语音语法一样有一个系统？每一个时代词汇的面貌又是什么样子？这么多的问题搅在一起，真是剪不断、理还乱，所以有人就说词汇是一盘散沙。

往深一步想想，客观事物纷繁复杂，与之相联系的词自然不会那么简单；人们对客观事物的认识又千差万别，与这种认识相联系的词义也不会单纯划一；人们的认识在发展，那么与之相联系的词和词义自然不会是固定不变的。从道理上说，什么变化都该有个规律，语言里的词汇照理说也不应该例外。这本小册子，就是想就上面提到的那些问题向读者做一个粗浅的介绍。既然粗浅，有些问题也不一定能说清楚，那就只好提出来供大家思考。

今天研究词汇的变化，条件比过去好多了。首先，前辈们的研究给我们留下了丰富的成果。在我国，有一门历史悠久的学问，叫作训诂学，主要内容就是训释古语古义，特别是词义，同时又兼及句意和百科词汇的研究。现在咱们能看到很多古代的字书（如《说文解字》《玉篇》）、词书（如《尔雅》《广雅》）、韵书（如《广韵》《集韵》），这些都集中了古代学者对词语的训释解说。此外，还有见诸各种古籍中的古人的注释，数量巨大，也是古代注释家们研究词语的心血结晶。除了前人的成果可供借鉴，我们今天又在逐步掌握现代语言学的理论方法，使我们能站在新的高度，用新的眼光去审视那些浩如烟海的语言资料，从而获得更加科学的认识。

研究汉语词汇的历史变化，至少有下面几个方面是我们应当注意的。

第一，正如刚刚提到的那样，应当逐步树立一个现代语言学的观念，这一点十分重要。词汇的研究（包括它的历史）

是整个语言科学的一个方面。对古人的研究成绩应当十分重视，不过也要看到，那个时候他们从社会生活的需要出发，首先重视的是对古书（特别是经书）的训解释读，他们的研究多侧重在对个别词语的考释上。这样做自然是十分重要的，但欠缺的是对总体规律的把握和理论上的探讨，所以有的人把这种研究称为原子主义，认为还是属于语文学的阶段。汉语词汇是一片广袤的原始森林，探索它的奥秘，既需要洞烛幽微，又需要居高远眺，现代语言学的理论和方法就是我们的显微镜和望远镜。

第二，因为是研究词汇的变化，还要有一个历史的眼光。汉语的历史有多长，我们说不好，如果从现在已经掌握的有文字记载的语言资料算起，也已有3000多年的历史了。几千年来，汉语词汇经历了诸多变化，犹如一条绵延不断的长河，我们对它的每一段水流都应当加以考察，而不要有所偏废。中国古代的学者看重的是秦汉以前的那一段，对秦汉以后的情况则有所忽略。这固然是一个不小的遗憾，但从另一面讲，却给我们留下了一大片尚待开发的土地。咱们今天研究汉语词汇的历史，如果还是言必称九经三传，非三代秦汉之书不敢观，那就不会取得什么新进步。要知道，佛经译文、变文俗讲、诗词语录、笔记杂著、话本小说等，它们都反映了不同时代汉语的实际面貌，应当给予充分的重视。

第三，研究词汇的发展同研究语音、语法的历史一样，有两个层面的任务：一是描写，二是解释。前者陈述事实，后者阐明规律，二者缺一不可。就陈述事实来讲，按理应当对每个时期的词汇面貌做一个大致的描写，有的汉语词汇史著作也这样做了，不过很多是举例性质的，显得零散而不够系统。造成这种情况的原因主要有两个：一是由于词汇数量大，做全面的研究很不容易，一时难以勾画出一个全貌；二是描写一个时期的词汇面貌，从哪几方面入手，需要搭起来一个什么样的架子，建立起一个什么样的系统，好像还没有一个一致的意见。以往的描写，只是限于同义词、反义词之类的说明，显然已经很不够，而新的框架的建立还有待努力。

就阐明规律讲，更需要做极大的努力，这要有现代语言学理论的指导，要有新的方法，又要密切结合汉语的实际情况。古人在这方面不大注意，解释的任务就历史地落在了我们的肩上。

第四，注意通语（普通话）和方言的关系。同现代汉语一样，古代汉语同样存在着通语和方言的差别。《礼记·王制》说："五方之民，言语不通。"孟子曾把楚国的许行称作"南蛮鴃舌之人"（《孟子·滕文公上》）。西汉学者扬雄收集各地意思差不多而说法不同的词语，撰写了《方言》（全称《輶轩使者绝代语释别国方言》）一书，他在给另一位学者刘歆的信中曾谈到自己亲自做方言调查的情况。此外如《说文》《尔雅》等不少的字书、词典中也有很多方言词汇资料。古代又有所谓雅言的说法，大致相当于我们今天所说的普通话。《论语·述而》里讲："子所雅言，《诗》、《书》、执礼，皆雅言也。"可见孔子在诵读《诗》《书》和行礼时说的是标准语，大概和自己的家乡话有所不同。

同一个词，在通语和方言中显示的形式（主要是语音形式，也包括文字形式）不同；同一个词，在各方言中的发展变化也有不同，照理说应当对照起来加以研究，可是我们现在只能读到文字资料而听不到有声言语，这就给对照研究带来了极大的困难，所以我们在描述和解释语言事实时有时就不得不对方言和通语的界限有所忽略。

　　上面谈到研究词汇的变化有那么多问题，显然不是这样一本小册子能够解决的。对这本小书谈到的问题虽然也有一些自己的看法，但主要是借鉴了前辈时贤的研究成果。考虑到本书的性质和篇幅的限制，只能就一些基本问题做粗浅说明，难以做过多的讨论；有些内容虽然重要，也不得不有所割舍。

　　虽然是一本小册子，写起来也殊感不易，疏漏谬误在所难免，祈盼指正。

一 词和词义

（一）词的意义与词义的分解

1. 词和词的确定

词汇是一种语言词语的总汇。讨论汉语词汇的发展，自然首先要明白什么是词，但这个问题并不好回答。吕叔湘先生说："词的定义很难下，一般说它是'最小的自由活动的语言片段'，这仍然不十分明确，因为什么算是'自由活动'还有待于说明。最好是用具体事例来给词划界。"[①] 通常的说法是：词是最小的、能够自由运用的音义结合体。"最小"是从结构方面说的，"自由运用"是从使用方面说的，"音义结合"是从形式和内容的关系方面说的。这几个方面又必须连在一起讲，比如从结构上讲，还有比词更小的音义结合体，这就是语言学书里经常提到的语素（又称词素）。不过，语素在使用上不

---

① 《汉语语法分析问题》，商务印书馆，第17页。

自由。平时咱们说句子是由词组成的，谁也不说是由语素组成的。比如说"人"吧，在"人来了"这句话中它是词，在"人民热爱自由"这句话中就是语素。因为在后一句话中是"人"和"民"结合在一起作为一个单位在使用，换句话说，"人民"才是一个词，可见，语素是比词低一级的单位。词由语素构成，可以由一个语素构成，如"人来了"中的"人"；也可以由两个以上的语素构成，如"人民"。不过这是极简单的说法，实际情况要复杂得多。

词是有意义的，有的词意义实一点，有的虚一点。实一点的如山、水、人、高、大、飞、跑，虚一点的如虽然、而且、和、为（wèi）、吗、啊。这后面一类词，表示的是语言单位之间的某种关系或者说话人的一种口气，人们称之为虚词。前面一类，人们称之为实词。虚词的研究归入语法，我们下面要讨论的词汇发展，指的是实词。

定义是那么下了，不过当我们遇到一个音义结合的形式时，到底是不是词，是一个词还是包含有几个词，有时候判断起来并不是一件容易的事。比如我们翻到《新华字典》"刻"字条，第一个意思是雕（雕刻），第三个意思是时间（如"即刻"）。这两个"刻"是一个词还是两个词？读过一点古书的人可能会说是一个词，理由是时刻的"刻"由刻漏而来，而刻漏又和雕刻有关系，这样两个意思就连上了。不过一般的人并不明白这中间的曲折，他们怎么能将两个意思连上呢？这样看来，还是分成两个词为好。这样划分不光是考虑到一般人的意见，从意义上说，雕刻表示一种行为，时刻表示时间，意义所属的范围离得太远了。不过这样处理牵涉到一大批词，比如言而无信的"信"和写信的"信"，是不是也应该看成两个词呢？可字典都是作为一个条目处理的。

上面讲的两个"刻"，意义虽然离得远，但还能连得上。还有的几个意思根本就不沾边，也放在了一起。比如"肯"，原指附在骨上的肉。现在还有"中肯"的说法，表示说话切中要害。《元史·王都中传》："都中遇事剖析，动中肯綮（qìng，指筋骨相结合的地方）。"可这个意思和肯不肯的"肯"又有什么联系呢？

再说一个动词的例子。《论语·泰伯》说："（泰伯）三以天下让。"这个"让"是辞让不受的意思。《史记·项羽本纪》里讲："（秦）二世使人让章邯（人名）。"这个"让"是责备的意思（双音词有"责让"）。那么能不能把这两个"让"看成一个词，认为是词义引申、一词多义呢（这牵涉到咱们要讨论的词汇发展）？恐怕也不合适。正确的说法应当是，它们原本就是两个词，只不过书写形式一样罢了。[①]

以上说的是意义的一面，词既然是一种音义结合体，就还有音的一面。像月亮和月球、妈妈和母亲，虽然前后两个词说的是同样的事物、同样的人，也不能看成一个词，因为它们的读音不同（使用场合、附加意义也有区别）。还有一种情况，比如《鸿门宴》里讲到刘邦"旦日从百余骑来见项王（项羽）"。这个"骑"是骑士的意思，读作 jì。它和骑马的"骑"虽然意思上有密切关系，用的也是同一个字，仍然应该看作两个词，因为读音已经发生了变化，所以有的书把这种现象称作"音变构词"。朝（zhāo）和朝（cháo）、解（jiě）和解（xiè，后作"懈"）都属于这一类。

---

① 参《说文解字》"攘"字段玉裁注。

造成上面这样一些困扰的原因在于不同的词书写形式（汉字）却完全相同，这就难免使人产生疑惑。我们觉得，分析这个问题还应当回到词的定义上来。我们讲词是一种音义结合体，那么确定词的时候当然就应当从音、义两个方面出发，也就是要从语言出发。至于汉字，它对我们确定词有一定帮助，但并不能作为确定词的主要依据。

2. 词义

给词下定义难，给词义下一个定义也不容易。

上面说过，词是一种音义结合体。音是外在形式，一种物质外壳，这话的意思是说音是可以感知的（正常人可以听得到）。既有形式，就要有一个内容，词义就是词的内容。

这么一说，有的人可能觉得词义这东西是再简单不过的了：月球的含义不就是晚上看到的月亮吗？桌子的含义不就是可以放东西、可以坐在前面吃饭写字的一种家具吗？这样说来，词义就是一个词指称的事物了。不过我们要问：我们平时说"十五的月亮圆又圆"，为什么不说"十五的月球圆又圆"呢？凳子上面也可以放东西，小孩子有时也在上面写字，为什么不叫桌子呢？我们再换一个问法，同是一样事物，为什么又叫月球又叫月亮呢？这么一问，我们会觉得一个词的词义和它指称的事物又不完全是一回事。

这样同物异名的例子还可以举出许多。北京人叫作三轮儿（三轮车）的，有的地方叫平板车；咱们现在叫作树梢的，古代又叫作标。如果把一件事物的不同名称放在一起比较，就会感到它们的含义多多少少有一些不同。看来这词的意义除了和它所指称的事物有联系，其中必定还有别的因素，这另外一层因素就是人们对事物的认识。

一件事物可以有几个不同的名称，一个名称（词）又可以指不同的具体事物。当我们说到"车"这个词的时候，它既可以指现在的汽车、火车、三轮车，又可以指过去的牛马拉的车和人挽的车，但我们觉得车的词义还是一个，《新华字典》的解释是："陆地上的有轮子的交通工具。"坐，在古人说是屈膝跪于席上，臀部压在脚后跟上；在今人说是屈腿坐在椅子上或者盘腿坐在床上或什么地方，姿势不同，但词义好像也没有变。这就是说，同样的词可以指称若干种具体事物（包括动作），这从另一方面证明词义并不等于它所指称的对象。再者说，像上帝、神灵、魂魄，根本没有这样的事物存在，但你能说它们没有词义吗？

把上面说的意思总结一下，可以知道词义是用一定的声音固定下来的人们对事物特征的认识。词义是人的认识，事物是认识的对象，两者还不是一回事。由此看来，词义有它的客观性，因为人们认识的对象是客观事物；词义又有它的主观性，因为认识的主体是人。不过，一种事物的特征是多方面的，有本质的，也有一般的、非本质的。人的认识不可能吸纳所有的特征，只能选取其中的一部分。

同一样东西，人们可以从不同的方面、不同的角度去认识它。三轮车从轮子的数目着眼，平板车从车板的特征着眼，这样就可以和其他车子区别开来。把树的末端叫梢，是取末端木枝细小的特征；古人叫作标，是取其上端表露的特征。[①] 称月球，有一种科学的含义在内（球体）；叫月亮，是取其夜晚

---

① 标和表应属于同源词。参看第三章第三节关于同源词的说明。

的光亮引人注目，可以和夜空中的星星区别开来。古人把脖子叫作颈，是取其挺直的特征；把山称为冈，①是取山形像脊梁在上的特征。德国学者弗雷格曾举过一个十分典型的例子：启明星和黄昏星虽然指同一个行星——金星，但它们的涵义并不相同。②中国学者也有大致相同的认识。《诗·小雅·大东》中有"东有启明，西有长庚"的话，宋代的朱熹在《诗集传》中解释说："启明、长庚皆金星也。以其先日而出，故谓之启明；以其后日而入，故谓之长庚。""先日而出"和"后日而入"就是人们观察到的同一个金星的两方面特征。当我们说启明星就是长庚星的时候，大家都知道指的是一样东西，但词是两个，读音不同，意义也有区别。之所以会有这样的区别，是人们选取了同一事物表现出来的不同特征。

既然要选取，总要有一个考虑，最重要的就是要把一个事物同其他与之相关的事物区别开来。比如灯、庭燎、火把都是用来照明的，这是相关的三种事物。灯，繁体作"燈"，原来写作"鐙"。"鐙"字的右边"登"（本应写作"豋"）是古代祭祀时用来盛放肉食、形似高脚盘的一种器皿。古代的灯是一种灯盏，可以盛油置捻燃火照明，其形制与登相似，故名之曰鐙。庭燎，《诗·小雅·庭燎》里说："夜未央，庭燎之光。"这是古代用于庭中照明的一种火炬。《说文》："燎，放火也。"这是着眼于燃火的特点。至于火把，它是束成柱形的，可以用手握，这是着眼于外形和使用方法。古人说病情好转叫瘥（chài），是取病情减轻的特征（"瘥"与"差"应看作是同源词）；又叫

---

① 《诗·周南·卷耳》："陟彼高冈。"毛传："山脊曰冈。"
② 《论涵义和指称》，《语言哲学名著选辑》，三联书店，1988年3月出版，第2页。

愈，是取越渡（向好的方面越渡）的特征。

咱们选词造句是用来交流思想的，如果连事物都区分不开，又怎么能交流呢？所以，人们对事物特征的选取重在区别。从另一方面说，在确立词义时只要区别得清楚、能满足人们交际的需要，也就够了。很多人并不了解水的化学构成（H_2O），不了解光的物理性质，不了解盐的化学的、药物的性质，但你能说他们不了解这几个词的意义吗？他们几乎每天都在用这些词和其他的人进行交流。别的人对这些词也有相同的理解。由此看来，词义并不一定等于科学定义和科学概念。

3. 词义的分解

说到这里，咱们对词义已经有了一个初步的认识，但这还不够。科学家们把物质分解成分子、原子，分子和原子是深层结构的东西，光凭咱们的肉眼看不着，但这样的分析能使我们对物质有更深刻的认识。那么对词义能不能做类似的分析呢？回答应当是肯定的。语言学家在研究语音时，有音位和音素的分析，如果对词的某一个意义（就是一般说的义项）做深入一步的分解，咱们也可以找到组成每一个义项的"语义原子"——语言研究者把它称作义素。咱们讲词汇的变化牵涉到这个概念，应当有所了解。

《现代汉语词典》对"男人"这个词的解释是"男性的成年人"。这个解释包含了三个意义要素：男性（讲性别）、成年（讲年龄段）、人（所属的大类）。这本词典对"寡妇"一词的解释是"死了丈夫的女人"，这个解释包含的义素是：女性、成年、丈夫死亡。你看，平时咱们说到这两个词，谁也不会想那么多，经这么一一分析就清楚多了。

014

下面举古代的例子。《孟子·梁惠王上》讲到有的国君不施行仁政，"涂（路）有饿莩而不知发"。这个"发"是什么意思？有的说是发放。东汉的赵岐解释说："道路之旁有饿死者，不知发仓廪以用赈救之。"可见这个"发"是打开的意思（双音词"揭发""发掘"中的"发"也是打开的意思），它的义素构成是：（使）覆盖的部分 + 离开。如果说是发放（救济粮），那么"发"的义素构成是：（使某物）离开原处 + 交付（他人）。可见这两个"发"不一样。一般认为"越"和"过"是一对同义词，都有渡过的意思，但还不能轻易给这两个词画等号。曹操《短歌行》写道："越陌度阡，枉用相存（指贤人枉驾前来）。""越"是一般的经过，所以和"度"连言。《汉书·魏相传》说："日月不过，四时不忒（tè）。"这个"过"和"忒"（差误）放在一起，是说超越了一定的限度。这样一分析，就可以看出在上面一句话中，"过"比"越"多了一个义素。正是在这个意义上，"过"又引申出过头、罪过的意思，"越"就不行。

词义的分解不仅可以帮助我们确定词义、辨析同义词，还可以帮助我们了解词义的发展变化。比如说"淡"，它的词义构成包含某种成分的比例：

（1）"薄味也"（《说文》）。"淡乎其无味"（《老子》）。

食物饮品的味道 + 某种成分 + 少

（2）后常指盐分少

食物饮品 + 盐分 + 少

（3）转指颜色浅

某一种颜色 + 某种成分 + 少

（4）引申指恬淡

处世态度 + 激烈的热情 + 少

（5）引申指冷淡

对人态度＋热情＋少

不过义素分析是一件很复杂的事，结合汉语词汇的实际，还需要做很多的研究，但它的确为我们研究词义开辟了一条新路。

（二）词义的构成

观察一下汉语的词就可以知道，有的词只有一个意义，这叫单义词，比如酒、钱、蔬菜、火车。因为它们只有一个义项，这样的词就好掌握。可是还有很多词，一个词就有好几个意义，这叫多义词，掌握起来就困难一些。一个词如果有好几个意义，学起来就不能平等看待，眉毛胡子一把抓，每一个意义都要把它放在一个适当的位置上，分出一个主次先后来，理清它们之间的相互关系，这就是咱们分析词义构成的主要目的。

分析词义构成可以从两个角度着手：一个是共时的，一个是历时的。咱们讨论的是词汇的发展，自然应以历时的为主，但对共时的分析也不能不有所了解。所谓共时，就是把词义的构成看成一个时间平面上的东西，不怎么考虑它们的发展历史。从共时的角度看，首先可以把词的各种意义分成两大类：理性意义和附属意义。

理性意义又称概念意义，它反映的是人们对事物的理性认识，对特征的把握。《现代汉语词典》里说人是"能制造工具并使用工具进行劳动的高等动物"，说山是"地面上由土、石形成的高耸的部分"，士"古代指未婚的男子"，这些都是理性意义。

附属意义是相对于理性意义而言，主要包括联想义、情感义、社会义、风格义。

第一是联想义（有的书上所说的形象义也可以归入此类）。老百姓称包拯为"铁面包公"。说到铁，人们就容易想到冷峻坚硬。《宋史·赵抃传》说赵"弹劾不避权幸"，被称为"铁面御史"。元戴善夫《风光好》二折里讲："他多管是铁石心肠，直恁的难亲傍。"这是铁的联想义。花色美丽诱人，所以言语也可以称花。《焦氏易林·咸之颐》："华（花）言风语，自相诖（guà）误。"我们平时说的比喻义，有些实际上与联想义有关。

第二是情感义。对同样的事，人们的态度不同，有好恶褒贬之分。一对青年男女在热恋之中，如果有人说"他们又勾搭上了"，这是表示反对，因为"勾搭"有贬责的情感义。《南史·陆慧晓传》里说："贵人不可卿而贱者乃可卿。"南朝时称对方为君表示尊敬，如果称卿，就显得随便、亲昵而不拘礼节。《世说新语·方正》里讲王衍做太尉，有一个叫庾子嵩的人见面总称他为卿，王说："君不得为尔（这样）。"庾说："卿自君我，我自卿卿；我自用我法，卿自用卿法。"这是"卿"的一种情感义。

第三是社会义。这是指与时代特点、行业阶层、民俗地域等因素有密切关系的一些意义。"黑"本是一个普通的颜色词，可是在一个特定的时期内（如"文化大革命"）又有反动的意思。古华在《芙蓉镇》第三章里说："我们总算是人呀！再坏再黑也是个人。""朕"在秦以前是一个一般的第一人称代词，所以屈原在《离骚》里也可以自称朕（"回朕车以复路兮"）。

秦始皇当了皇帝，这个词就成了帝王专用的自称。"俸禄"是指旧时官吏领取的俸钱、禄米，好像和我们今天的工资差不多，但我们今天只能说领工资，不能讲领俸禄。以上这些词义都带有强烈的时代色彩。

第四是风格义。有些词理性意义相同，但各适用于不同的文体、不同的交际场合，显示出不同的风格。风格义首先体现为书面语和口语的不同，如果讲汉语的历史，就是文言和白话的不同。《清平山堂话本·快嘴李翠莲记》写翠莲出嫁头一天晚上爹娘劝她早点睡，翠莲顶嘴说：

> 爹先睡，娘先睡，爹娘不比我班辈。哥哥嫂嫂相傍我，前后收拾自理会。后生家熬夜有精神，老人家熬了打盹睡。

翠莲的话洋溢着浓烈的口语色彩。如果把引文中加点的词换一换，比如说把"爹娘"换成"父母"，把"哥哥"换成"兄长"，把"收拾"换成"整理"，读读看，又是什么味道？

以上是对词义结构的共时分析。如果从词义的历史发展看，多义词的各项意义可以分为本义和引申义两大类。

本义，照字面上讲，就是词本来的意义。什么叫本来？照理说应该就是一个词产生时具有的那个最初的意义。不过咱们要注意，语言早就有了，文字的产生要晚得多。一个词产生时既然还没有文字记录，那么它的原始意义就不容易考求，所以这里所说的本义只能是一个汉字创制时所记录的词义。比如汉语里早就有了 shān 这个词，后来又造出"山"这个字去表示它，通过对有关的文字资料的研究，可以确定 shān 这个词本义是指地面上高起的不平的部分。

　　确定词的本义对研究词义的发展有至关重要的意义。确定本义的基本方法是把对汉字形体结构的分析和古代的语言材料结合起来考虑。厉（繁体作"厲"），《现代汉语词典》列出的第一个义项是"严格"，《说文》的解释是"旱石"，指一种磨刀石。从字形看，厲是一个从厂萬声的形声字，从厂的字与山石有关。再翻一翻古书，也不乏作磨石讲的例证，如《诗·大雅·公刘》："取厉取锻（锻是锤炼金属用的砧石）。"从时间上看，磨石义（这个意义后来写作"砺"）在前，严格义在后。把这些证据综合起来，可以确定厉的本义应当是磨石。

　　有人也许要问：研究词义不是应该从语言出发吗？为什么又要考虑字形呢？要知道和西方的拼音文字比较，咱们的汉字有一个特点（也可以说是它的特殊性），就是有一部分汉字的字形（指古字形）与它所记录的词义有比较密切的关系。表示 niǎo 这个词，字形就像一只鸟；表示 dāo 这个词，字形就像一把刀。象形字是这样，其他如会意、指事和一部分形声字也从字形上为我们理解词义提供了帮助。写一个"林"，就表示很多树；写一个"亦"，就表示两腋所在的位置（这个意义后来写作"腋"）；写一个"盆"，就表示这是一种器皿；如此等等。可见我们的古人在造字的时候总是试图通过字的形体结构去显示词所指称的那个事物的形象，抽象一点说，就是通过字形去体现词的意义。汉字的这种特点对咱们研究词义的确有很大的帮助，所以古代的学者特别注重对字形结构的分析，并取得了很大的成就，我们这本小书经常提到的《说文解字》（东汉许慎著）就是这方面的一部杰作。

　　不过咱们还不能忘记，文字是记录语言的符号，汉字记录的是汉语中的词，尽管汉字有它的特殊性，和汉语中词的关系是那么密切，但汉字本身并不就是词，字形所显示的直观意义（后面我们称为"字形义"）也不一定就完全等于词义，这是我们在分析字形时要特别注意的。关于汉字和词的关系，后面还要做专门分析，这里就不详谈了。

多义词的本义只有一个，粗略地讲，其他的都可以归入引申义①。引申义是本义的延伸和发展。词义是一条活水，它从源头出发，曲折前行，呈现出丰富多彩的变化。特，从牛寺声，《说文》解释为"牛父"，指公牛。由牛之雄性引申为男性配偶。《诗·小雅·我行其野》："求尔新特。"由单指雄性一方又引申为单一的。《汉书·韦贤传》："单于孤特，远遁于幕（漠）北。"又引申为特出的、杰出的。《诗·秦风·黄鸟》："百夫之特。"后又有特别、特殊之类的意思。徒，从辵（chuò）土声，本指步行（不凭借交通工具）。《易·贲》："舍车而徒。"由此转指步兵，进而引申指徒众、徒属、徒党、门徒等义。由不凭借交通工具、失去凭借，又引申指空无所有，无效用。《孔雀东南飞》："妾不堪驱使，徒留无所施。"进而指无彼有此，做范围副词用，成语有"家徒四壁"。

多义词的本义如树之根、水之源，它的引申义就是流，就是干和枝。翻开一部大型的字典或词典，一个词的下面列有那么多意思，怎么应付？首先应找到那个本义，找到了本义就可以提纲挈领，就能够以简驭繁。

多义词是一个大家族，这个家族的成员一代一代生殖繁衍，所以最好能够为它立一个家谱，将上上下下的血缘关

---

① 这里讲的引申义范围比较宽，包括一般所谓的转义和比喻义。

系——直系的、旁系的——理出一个头绪来，确立每个成员在这个谱系中的位置，这是我们研究词汇流变的重要方面，但这又是一件很困难的事，需要做很多很多的工作。

还有人也许要问，除了本义和引申义，不是还有假借义吗？我们平时所说的假借，讲的是文字的使用问题，虽然和语言中的词有关系（文字是记录词的），但和词的本义、引申义还不能并列，这一点在下面《字义和词义》一节中还要做专门的说明。

（三）字义和词义

打开《中国大百科全书·语言文字》"汉语·文字"条，里面有一句话说："从汉字和汉语的关系看，汉字是一种语素文字。"这句话的意思是说，不同的语素或词往往用不同的汉字来表示，也就是说读音相同而意义不同的语素或词往往通过不同的书写形式来区分。比如毛、矛（长矛）、茅（茅草）都读 máo，但意思不同，就用了三个不同的字来表示。而且如前所说，一部分汉字的字形结构和它所记录的词的意义又有较密切的关系，就是说这些汉字的字形义与其所记录的词的意义有统一的一面。

但这只是问题的一个方面，并不能说字就是词，字形义就等于词义。有些汉字的字形义就不一定是词义。比如《说文》里讲：

血：祭所献牲血也。
牧：养牛人也。

　　我们推想一下就不难知道，祭祀活动出现之前血这个词就该有了，那时候这个词既指动物的血，也指人的血。后来伴随着祭祀活动（也许还有其他的社会活动）的出现，又造出了血这个字，反映在字形上就是从"皿"。这就是说，从词义讲，血指称的是人和动物的血，但字形反映的是和祭祀有关的"牲血"。尽管这个字形义讲得很具体，但从外延看，所指范围比起词义来是大大缩小了。牧，如果简单地认为是"养牛人"，这也是对字形的解释。从古代的语言资料看，牧的对象既可以是牛，也可以是其他牲畜。《庄子·骈拇》有"二人相与牧羊"的话；《孟子·告子上》有"牛羊又从而牧之"的话；甲骨文里牧的字形也是或从牛，或从羊。这样看来，牧的词义应当是牧养牲畜。反过来推论，如果依照上面的解说方式，那么"逐"的本义就应当是"追豕（猪）"了。但仔细想一想，远古时期人们追猎的对象怎么能只有猪呢？从"逐"的甲骨文字形看，是"从趾于兽后以会追逐之意，所从之兽，为豕、为兔、为鹿等"[1]。如果光看字形，势必会出现追豕、追兔、追鹿等好几个字形义，但咱们知道，作为词，它的本义只能有一个。《说文》："逐，追也。"这才是解释了词的本义。

　　由上面的例子可以知道，字形义和词义有完全重合的，如日、月、山、鸟；有不完全重合的，如牧、血。字形义和词义不完全重合，这也不难理解。词义是抽象的、概括的，比如逐，追捕的猎物就有好多种，但要用文字表示，只能选取其中的一种作为代表，所以词义是抽象的，而字形义往往是

---

① 　徐中舒《甲骨文字典》，第158页。

具体的。《说文》："初，始也。从刀从衣，裁衣之始也。""始"是词的本义，"裁衣之始"是字形义。[1] 牢，从宀从牛，《说文》解释为"闲，养牛马圈"，没有说是"养牛圈"，这样的解释就没有局限于字形。[2]

一方面，咱们要承认汉字的特殊性；另一方面，也要知道字与词、汉字的字形与词义，是应当区分开来的不同的概念。研究词义，不注重字形不行，让字形捆死了也不行。传统的研究，不讲究区别字形义和词义，今天我们应当避免这种做法。比如说"解"这个词，它的本义是什么？有的书上说是"解牛"，这大概是受了字形的影响（从刀从牛从角。甲骨文像以两手解牛角），可是古书中除了"解牛"的例子，还有"宰夫将解黿（yuán）"（《左传·宣公四年》）这样的话。如果把本义解释为分割动物的肢体，就更恰当一些。

前面简单地谈到了本义和引申义，回过头来再说汉字的假借。《诗·豳风·七月》里有"猗彼女桑"的话。猗读jǐ，是牵引的意思。细心的读者想必会问，"猗"字的形旁是犬，怎么能讲成牵引呢？[3] 这是"猗"的一种借用。有人也许要问，汉字既然是用来记录汉语中的词的，为每一个词都造一个字，一对一，那不挺好吗？但试想如果真的造出几十万个汉字来，咱们又如何去掌握呢？而且实际上做不到，也没有必要这么做。这样一来，字少词多，汉字就"不够用"了；再加上一些其他方面的原因，于是就有了汉字的借用，也就是假借。比如说南

---

① 比较《尔雅·释诂》："初，始也。"
② 《诗·大雅·公刘》有"执豕于牢"的话。《战国策·楚策四》又有"亡羊补牢"的话。
③ 《说文》："猗（yī），犗（jiè）犬也。"指割去狗的部分生殖器官。

北的"南"，这个字本来是指古代的一种乐器，^①后借来表示方位，至今也没有专门造出一个字来表示这个方位。古书中常见到一个"其"字，原本指簸箕一类的器具，后借过来表示代词和语气词（原来的意义写作"箕"）。还有一种情况，本来已经为某个词造了一个字的，但写的时候却没有用这个字而借用了别的字。比如抵御的"御"，本应写作"敔"（《说文》："敔，禁也。"），古书中常写作"禦"（《说文》："禦，祀也。"）。再比如衣冠楚楚的"楚"，本应写作"黼"（《说文》："黼，合五采鲜色。"），楚指一种植物，用在这个成语里也是一个借字。^②第三种情况，某个词开始时没有造一个字表示，只好借用别的字，到了后来又造出一个专门的字来。比如做彩色丝织品讲的cǎi，原来借用"采"（本义是采摘）表示，后来又专门造出一个"綵"（今又废而不用）。^③

　　文字是记录词的，所以汉字的假借要有一个条件，就是借用过来的汉字（即所谓假借字）的读音要与借用后所表示的那个词的读音相同或相近。这里指的是古代的读音，所以有的书上又叫古音通假。汉字的假借造成了用字的歧异，秦以前的古书里这种情况更为突出，给我们阅读古书造成了不小的困难。如果碰上了，就应当摆脱一个字固有意义的束缚，明确它的假借字身份，循着读音的线索，想一想它表示的到底是哪一个词。这正如清代学者王引之说的那样："至于经典古字，声近而通……学者改本字读之，则怡然理顺，依借字解之，则

---

① 郭沫若《甲骨文字研究》："由字之形象而言，余以为殆钟镈之类之乐器。"
② 以上两例从段玉裁《说文解字注》。
③ 《后汉书·梁冀传》："赏赐金钱奴婢綵帛车马衣服甲第比霍光。"

024

以文害辞。"①

到此想必我们已经看出，汉字与词并不是一对一那么简单，两者之间呈现出一种纷繁复杂的关系，粗略地归纳一下有下面几种情况：

1.字形不同，表示的是同一个词，这叫作异体字，如：咏／詠、嘆／歎、坤／堃、鷄／雞。异体字既然记录的是同一个词，那么它们的读音与意义就应当完全相同，在任何上下文中都可以互相替代。确定异体字的标准有一个宽严问题。有些字，从宽讲，可以看作异体关系；从严看，实际上是两个字，比如凭和憑。凭，从任从几会意，表示依凭。憑，文献中常用来表示凭恃义，可原本是满盛的意思，和依凭不相干。如《离骚》："憑不厌乎求索。"②异体字和下面讲到的假借字、古今字完全不同。

2.两个字字形相同，记录的是两个词（和异体字正相反），这叫同形字。如《说文》："份，文质备也。从人分声。""份"读 bīn，是文质赅备的意思，和另外一个"份"（fèn）不相干。臘（là），现在简化作"腊"，古书中原有一个"腊"字，读 xī，是干肉的意思，这也是一对同形字。

3.一个字表示一个音节。这是说一个字在一个特定的词里只表音，没有什么意思好讲，往往是两个字合起来才表示一个词。现代的如"沙发"（比较"沙土、发展"）、"鹧鸪"，古书上的如"镃基（锄头）""镆铘（宝剑名）"。

---

① 《经义述闻·经文假借》。
② 王逸注："憑，满也。楚人名满曰憑。言在位之人……贪婪于财利，中心虽满，犹复求索。"《第一批异体字整理表》把"凴"看作"憑"的异体，实际上"凴"是"凭"的异体。

4.一个字表示一个语素。如李白《子夜吴歌》:"素手青条上,红妆白日鲜。"这句话中"红妆""白日"是两个词,各由两个语素组成。

5.一个字表示一个词。人们说古代汉语单音词占优势,就是指的这种情况。

6.一个字表示几个词,这是汉字的假借造成的,上面已经说过。有时一个字可以借用来表示两个以上的词。比如上面举过的"猗彼女桑"的"猗",在这句话里借作"掎"(jǐ)。又可以借作"倚",《诗·小雅·车攻》:"两骖不猗。"唐代的孔颖达说:"两骖之马不相依猗。"又可以借用来做语气词,《诗·魏风·伐檀》:"河水清且涟猗。"

7.几个字表示一个词。这里有两种不同的情况值得注意。第一,有时借用几个字表示同一个词。比如《说文》:"恂(xún),信心也。"做信实、确实讲。可古书里有时写作"洵",如《诗·郑风·有女同车》:"洵美且都(优雅)。"有时写作"询",如《尔雅·释诂》:"询,信也。"有时写作"悛",如《史记·李将军列传》:"李将军悛悛如鄙人。"第二,开始的时候,一个词用甲字表示,后来这个词又用乙字表示,甲乙两字一个产生在前,一个在后,而且字形上还有相承关系,我们就把甲乙两字称作古今字,说乙字是甲字的区别字。《论语·学而》说:"其为人也孝弟(tì)。""孝弟"即孝悌,早些时候写作"弟",后来写作"悌",悌以弟为声旁(弟也有义),弟和悌就是古今字的关系,人们又把悌叫作弟的区别字。《庄子·天下》讲"飞鸟之景(yǐng)","景"后来写作"影",景、影也是一对古今字,先后用来表示同一个词。

古今字大致有三种情况:一是今字用来表示本义。如:

采／採①、然／燃、厉／砺。二是今字表示引申义。如：竟／
境、景／影、解／懈。三是今字表示假借义。如：采／綵、
舍／捨、戚（兵器）／慽。

8.同源字，这是说一组字有一个共同的来源。同源字的
实质是同源词问题，后面还要做详细说明。

从上面的分析可以看出古今字和假借字是两个不同的概
念。古今字讲的是文字的孳乳，是历时的问题。除了上述第三
种情况，古字和今字之间有意义上的联系。假借字讲的是文字
的借用，是共时的问题，一般地说，借字同所表示的词意义
无关。上面说的古今字的第三种情况（舍／捨）有交叉：从一
方面讲，舍是一个假借字；从另一方面讲，它与捨又构成古今
字关系，分析的角度可以有所不同。

以上列举的是汉字和词的关系的几个主要方面，侧重于
历史的角度，还不能够完全概括字词之间的复杂关系。赵元任
先生在《语言问题》一书中分析得很细致（见该书第143页），
可以参看。

吕叔湘先生在《语文近著》（第131页）中说："中国语文学
的重点是汉字的形、音、义之间的错综复杂的关系。"事实的
确是这样。不过深入一步分析就可以发现，汉字的形、音、义
并不是处在同一个层面之上：字形是属于汉字本身的，而字音
和字义则是语言中间的语素（或词）的音义转寄在汉字之上的。
离开了语言，也就没有什么字音和字义了。所以汉字形、音、
义之间的关系尽管复杂，但最要紧的是要把字与词之间的对应

---

① "古今字"的"今"是后起的意思。说"採"是今字，是因为"採"是一个后
起的字。但根据《第一批异体字整理表》，这个后起的字现在已经不用了。

关系找出来。比如有一本字典在"胡"字的下面列有这样几个义项：

　　①兽类颈下下垂的肉。《诗·豳风·狼跋》："狼跋其胡。"④何，何故。《诗·魏风·伐檀》："不稼不穑，胡取禾三百廛兮。"⑥大。《仪礼·士冠礼》："永受胡福。"

　　这样三个意思如何能连在一起呢？分析起来，应当是一个字对应着三个词。编字典的人把它们放在一个字的下面，一来是考虑到工具书编排需要简明，更重要的是有的字到底表示了几个词，一时很难判定，上面举的只是一个比较明显的例子。

　　我们强调要划清字和词的界限，是因为这对我们正确认识词汇的发展有很大的关系。比如说"绸"，较早的时候有缠束的意思，如《楚辞·九歌·湘君》："薛荔拍兮蕙绸。"现在这个字做丝绸讲，能不能说"绸"这个词的意义有了很大的变化呢？恐怕不能这么说。正确的解释应当是，表示缠束的"绸"和丝绸的"绸"是两个不同的词，这两个词的意思并没有变（只是做缠束讲的"绸"现在不怎么用了），只是因为两个词用一个字表示，便容易给人造成一种错觉。王力先生在《〈诗经词典〉序》中说："同一时代，同一个词有五个以上的义项是可疑的（通假意义不在此例），有十个以上的义项几乎是不可能的。"一个字下面列出很多意义，或许是不同时代的意义放在了一起，或许是义项的划分不尽合理，或许是一个字记录了几个词，这就需要仔细分析。

二 词义是怎样变化的

（一）词义的时代性

汉语中的词，有一些从古到今意义没有什么变化，这主要是一些基本词汇，这使得语言能够保持一种相对的稳定。不然，几千年前的话咱们怎么能懂呢？不过还有相当一部分词，它们的意义从古到今发生了不同程度的变化：或是新的意义产生了；或是旧的意义消亡了；不光是有的理性意义发生了变化，有些附加意义也有了变化。每个时代词义的情况都有所不同，这就是词义的时代性。所以，我们就需要看一看这些词的意义发生了一些什么样的变化（变化的内容），这些变化又是怎样发生的（变化的途径和原因）。

先看下面的例子：

年 《史记·佞幸列传》："力田不如逢年，善仕不如遇合。"年，指收成好。

熬 《周礼·地官·舍人》："共（供）饭米熬谷。"熬，指烤干。

盂 王梵志诗："菜粥吃一盂，街头阔立地。"盂，指钵一类的器皿。

慢 《古今小说·滕士尹鬼断家私》："回到家中，偶然脚慢，绊着门槛一跌。"慢，指没放在心上，不小心。

寄 《醒名花》九回："奈胡寇猖獗，恐一时要征战，衙门不是稳便之所，故此只叫小人寄书来安慰了夫人们。"寄，指传送。

文学 《史记·儒林列传》："兒宽既通《尚书》，以文学应郡举，诣博士受业。"文学，指文献典籍。

文明 《南史·陶潜传》："今子生文明之世，奈何自苦如此。"这里，文明指社会昌明。

亲戚 《墨子·节葬下》："其亲戚死，朽其肉而弃之，然后埋其骨，乃成为孝子。"这里，亲戚指父母。

以上举的这些词与今天相比，有的意义有很大的不同。

一个词的古义如果与今义相差甚远，根本就看不懂，容易引起我们的警觉，倒是像上面所举的"寄""亲戚"这样一类词，我们自以为一看就懂，反而容易搞错。《荀子·性恶》篇一开头就讲："人之性恶，其善者伪也。"唐代的杨倞解释说："伪，为也，矫其本性也。凡非天性而人作为之者谓之伪。"可见这里的伪就不是虚伪的意思，是指后天人为的，经过加工改造的，与先天的性相对。《左传·僖公四年》记载晋献公夫人骊姬欲陷害太子，在酒肉中下了毒给献公吃，"（公）与犬，犬毙；与小臣，小臣亦毙"。狗和小臣是不是都死了呢？在现代汉语中，"毙"的主要意思是死，如击毙、毙命等。狗和小臣都中了毒，看来死是肯定无疑的了。但在旁边的献公说来，看到的只是小臣与狗倒下了，死没死他一时是无法判断的（如果倒下去再没起来，就可以肯定是死了）。《说文》"毙"字条引用了这个例子，解释为"顿仆"（倒下），就很正确。所以，了解词义的发展，先要有一个历史的观念，不要轻易地以今律古。

（二）意义的新生与消亡

比较古今词义的不同，可以分两步走。先总体地看，一个词古代有哪些意义，现在又有哪些意义，意义是增加了还是减少了；哪些意义还在，哪些不在了，又有哪些是新产生的。第二步，再逐个考察每个意义发生了什么变化。

从词义的增加、减少看，大致有三种情况。第一种情况是，有一些词从古到今意义没有什么大的增减。比如"吹"，《说文》解释为"嘘"，指吹气，《老子》里说："或嘘或吹。"转指风吹，白居易有"野火烧不尽，春风吹又生"的名句。又特指吹奏，《韩非子·内储说上》："齐宣王使人吹竽，必三百人。"再比如"粗"，《说文》解释为"疏"，指粗米。韩愈《山石》诗："铺床拂席置羹饭，粗粝亦足饱我饥。"泛指不精细的，粗糙的。《荀子·正名》："粗布之衣。"用于思想、言论、行事，指粗疏不精。《颜氏家训·勉学》："粗通经义。"又引申指粗大。《礼记·月令》："其器高以粗。"

第二种情况是古代有的意义后来没有了，有些还存留着。比如上面举到的"亲戚"一词，古代可以当父母讲，又可以做亲属讲；[①] 今天父母义没有了，亲属义还保留着。再看下面几

---

① 《礼记·曲礼上》："故州闾乡党称其孝也，兄弟亲戚称其慈也。"

个例子：

私 辛延年《羽林郎》："多谢金吾子，私爱徒区区。"私爱，即恩爱。

中 《汉书·匈奴传》："郅支人众中寒道死。"颜师古注："中寒，伤于寒也。"中，即伤，伤害。

深 《史记·汲黯传》："刀笔吏专深文巧诋，陷人于罪。"深文，指运用法律条文严切，不宽缓。

窜 贾谊《吊屈原赋》："鸾凤伏窜兮，鸱鸮翱翔。"窜，指藏匿。

第三种情况是增加了新义，增加的意义一直在沿用。

怪 比较早的意思是怪异，因不常见使人感到奇异。《论语·述而》："子不语怪、力、乱、神。"《荀子·天论》里把不常出现的星称作怪星。后来产生了难怪的意义。宋许棐《访潘叔明》诗："怪来几案无寒色，春在题诗卷子中。"新义产生以后一直沿用，怪的旧义并未完全消亡，现在还有怪模怪样、怪里怪气的说法。

家 原有房屋家庭义，汉代以后又可指从事某种活动的人。三国吴康僧会《大安般守意经序》："旁人不睹其形，种家不知其数也。"种家，指下种的人。后来的作家、画家之类由此而来。

讲 原有讲求、讲究的意思。《礼记·礼运》："讲信修睦。"现在还说讲卫生、讲道德，汉代以后增加了讲解的意思。东汉安玄译《法镜经》："亦我当得无上正真道以讲授经，成就弟子之德。"后来讲授、讲话成了讲的常用义。

讨论词义的增减是就一个词的范围讲的，超出了一个词的范围就不在此列。如前面说到的解，由分解引申为松懈，读音变作 xiè（先写作"解"，后写作"懈"），这就成了另外一个词，我们就不把这种情况看作词义的增加。词义的增减和下面要谈到的词义范围的变化也不一样，词义的范围是就词的某一义项而说的，词义的增减去留则是就一个词的全部义项而言的。

（三）词义范围的变化

1. 什么是词义范围

说到词义的范围，人们可以有两种理解。就词义的多少而言，如果甲词的意义比乙词多，固然可以讲甲词的意义范围比乙词大，不过这种情况说成词义的多少更为切当，便于把问题说清楚。就一个词的某一意义（义项）而言，也有一个范围大小问题，我们说的词义范围就是指这种情况。前面说过，词义与它指称的对象相联系，比如说：生物／动物／飞禽，人／女人／妇人，每组之中有三个词，所指称的对象的范围不一样，我们就说说词义的范围大小有不同，这里并不牵涉到词义的多少。

还有一点，咱们这本书是讨论词汇变化，所以谈词义范围看重的也是它的历史变化。比如说宫，上古时一般的房屋都可以称为宫。《墨子·节用中》讲："古者人之始生，未有宫室之时，因陵丘堀（窟）穴而处焉。"到了后来，帝王住的地方才能叫宫，词义的范围就变小了。现在，宫主要指一种集体活动场所，如少年宫、文化宫，词义的范围和原来也不一样。与宫相类似的还有一个殿。殿原来也并不专指帝王的宫室。《汉书·循吏传·黄霸》："先上殿，举而不知其人数者次之。"颜师古注："（此指）丞相所坐屋也。古者屋之高严通呼为殿，不必宫中也。"

还有一种情况也牵涉到范围，但和上面的例子有所不同。比如说脸，原指人的两颊，宋代晏殊的词（《破阵子》）里有"笑从双脸生"的句子，后来指整个面部。再比如说身，《说文》里释为"躬"，原指人体的躯干部分。《论语·乡党》："（寝衣）长一身有半。"是说寝衣到膝盖。后来指整个身体。

宫、殿这两个例子，是对某种事物的分类。宫有各种各样的（天子的、贵族的、其他人的），所以我们可以在一个大范围内划分出若干个小范围，分出的小类和大类是种和属的关系。但脸和颊的关系不一样。我们可以说有各种各样的脸（过去称"面"），也可以说有各种各样的颊（过去又称"脸"），但我们不能说一张脸有各种各样的颊，脸和颊是整体和局部的关系。比如说西瓜，西瓜有黄瓤的、红瓤的、有子的、无子的，这是大类和小类的关系。一个西瓜又分瓜皮和瓜瓤两部分，这是整体和局部的关系。所以前一种划分是分类，后一种划分是分割。

分类可以有不同的标准，比如宫，可以按居住人的身份分成几类。脸，根据大小、肤色的不同，可以分成大的、小的、黄的、白的。小类是从大类来的，所以分出的小类一定要有大类的特征。分割不一样，它是按部位把一个整体切割成几部分，分出的每一局部在特征上就不大好和整体进行比较。咱们可以说女人有人的特征，妇人有女人的特征，可是不大好说颊有脸的特征，脸有头的特征，也不能说颊是脸的一类，脸是头的一类。

2. 词义范围的变化

明白了什么是词义范围，下面就可以讨论词义范围的变化。一般的说法是把这种变化分为扩大、缩小、转移三种情况。

（1）词义的扩大。这是说指称的对象由小类变成了大类。菜的变化是人们常举的一个例子。菜，《说文》里讲是"草之可食者"，指植物性的蔬菜，所以古人把葱、姜之类称作"辛菜"（有辛辣味），后来肉类、蛋类都可以称作菜，指称的范围扩大了。再比如：

匠　古指木匠。《庄子·马蹄》："陶（陶工）匠善治埴（zhí，黏土）木。"后指匠人。

皮　古指兽皮。《墨子·辞过》："古之民未知为衣服时，衣皮带茭（草绳）。"后兽皮、人皮都称皮（现代有植皮、皮肤等说法）。

材　木材。《韩非子·内储说上》："材木尽则无以为守备。"后泛指材料。

响　回声。《易·系辞上》："其受命也如响。"后指声响。

动词的例子如：

采　采摘植物的叶果。《诗·小雅·采薇》："采薇采薇。"后泛指采取。

占（zhān）《尔雅·释言》："视兆以知吉凶也。"指观察龟甲烧灼的裂纹以判断吉凶。《礼记·月令》："占兆审卦吉凶。"后泛指视。韩愈《蓝田县丞厅壁记》："（县）丞涉笔（动笔）占位（看着署名的位置）。"

涉　渡水。《诗·卫风·氓》："送子涉淇。"引申指通过、经历、涉世、涉险。

集　众鸟落在树上。《诗·周南·葛覃》："黄鸟于飞，集于灌木。"后指集合、集中，不限于鸟。

醒　酒醒。《左传·僖公二十三年》："姜（晋文公妻）与子犯谋，醉而遣之；醒，以戈逐子犯。"后又指睡醒、清醒。

由上面的例子可以看出，就名词来讲，词义的扩大是指称的事物由小类变成了大类。就动词来讲，词义的扩大是动作行为的范围扩大了，比较：采薇／采矿、采购；酒醒／睡醒、清醒。

（2）词义的缩小。与扩大相反，缩小是说指称的范围由大类变成了小类，如前面说到的宫和殿就是词义范围的缩小。下面再举一些例子：

虫　《说文》作"蟲"，过去动物通可称虫。《大戴礼记·曾子天圆》有毛虫（如麒麟）、羽虫（如凤凰）、介虫（如龟）、鳞虫（如龙）、裸虫（指人）的说法。《水浒传》中把老虎叫大虫。后主要指昆虫。

畜　《说文》："鸡，知时畜也。"《左传·僖公十九年》："古者六畜不相为用（'六畜'指牛、马、羊、猪、狗、鸡）。"后来的所谓畜力、牲畜多指牛马之类（在"六畜"这样的词中当然还包括鸡）。

禽　本指猎取的对象。《孟子·滕文公下》："终日而不获一禽。"三国时华佗的五禽戏，就包括猿、虎的动作在内。后主要指飞禽。

丁壮　《汉书·于定国传》讲一位年轻寡妇侍奉婆婆十分勤苦，她的婆婆对邻居讲："我老，久累丁壮，奈何？"后来丁壮主要指男性。

席　席是一种片状物，古代坐卧用之都可称席。《诗·秦风·小戎》："文茵畅毂。"《经典释文》："茵，车席也。""文茵"是车上的一种虎皮垫子，《释文》也称席。《左传·宣公十二年》："（赵旃）席于军门之外。"指布席而坐。现在，席指卧具，不指坐具。

　　在讨论词义缩小的时候，有一种情况需要单独提出来说一说，这就是偏义引申。先看一个例子：

　　寡　古代男女均可称寡。《小尔雅·广义》："凡无妻无夫通谓之寡。"《墨子·辞过》："内无拘女（宫女），外无寡夫，故天下之民众。"后指女不指男。这就是我们要说的偏义引申，这是讲一个词的指称对象有时包含有相对相反的两个方面，在使用中长期偏指一面，意义范围缩小了。

　　再比如：

　　诬　《说文》："加言也。"指言语夸大不实。段玉裁注："加与诬皆兼毁誉言之，毁誉不以实皆曰诬也。"他所举的例子是《礼记·表记》里的话："故其受禄不诬，其受罪益寡。"这是说君子言行如一，其受禄与实际相符。后来偏指毁的一面。

　　祥　指预兆，包括吉凶两个方面。《左传·僖公十六年》："是何祥也，吉凶焉在？"《论衡·异虚》："善恶同实，善祥出，国必兴；恶祥见，朝必亡。"后偏指吉的一面，双音词有祥瑞、呈祥。

　　瑞　本指用作凭信的玉器，引申为征验，也包括有吉凶两个方面，所以《论衡·指瑞》有"不吉之瑞"的话。后来一般指吉兆，双音词有瑞历、瑞雪。

　　酷　统指过分、剧烈。《汉书·扬雄传》："芳酷烈而莫闻兮。"后偏指不愿接受的，如酷寒、酷暑。

　　处分　一般指处置。《晋书·杜预传》："预处分既定，乃启请伐吴。"后指对坏人坏事的处理。

　　偏义引申是词义缩小中的一小类。

　　（3）词义的转移。先看一个人们常用的例子。兵，本指兵器，成语有弃甲曳兵、兵不血刃等，后又转指士兵，我们把这种情况叫作词义的转移。比较一下：

兵₁（兵器）：作战时用来杀伤对方的器具。

兵₂（士兵）：作战时用兵器杀伤对方的人。

咱们比较分析可以知道，两个定义有一定联系（兵器——用兵器），但是所指的对象变了，由器具变成了人。器具和人分属于两类事物，这就是说，兵这个词指称的对象由一类事物转向了另一类事物；换句话说，词义由一个范围转入了另一个范围。再比如：

史　本指王者身边担任占卜、星历、记事工作的人员，指人。《周礼·春官·大史》："大史掌建邦之六典。"后转指史官所记的文字。

孩　原指小儿笑。《老子》："如婴儿之未孩（未孩是说还不会笑）。"后转指小孩。

物　王国维《释物》认为物本指杂色牛，又统指各种物体、事物。《说文》："物，万物也。"又转指人。《世说新语·方正》："（杜）预少贱，好豪侠，不为物所许。"双音词有物议。

名胜　指才艺超群的名士。《世说新语·文学》："宣武集诸名胜讲《易》，日说一卦。"又指风景优美的地方，古迹名胜。

声音　古可指音乐。《礼记·乐记》："声音之道，与政通矣。"后又指乐人。《安禄山事迹》卷上："赐庄宅各一所，杂彩绫罗、金银器物及声音口等。"

室　本指屋室，转指妻。《礼记·曲礼上》："三十曰壮，有室。"双音词有妻室。

偏房　本指正房旁边的房子，转指妾。汉刘向《列女传·晋赵衰妻颂》："生虽尊贵，不妒偏房。"

浅近 由空间转指时间。《晋书·傅玄传》："六年之限，日月浅近。"

脚色 古代有履历的意思。宋周必大《奉诏录》："奏议先令吏房取见本人脚色。"后又指人。[1]

也许有人要问，史指人，又指文字，词义的范围不是扩大了吗？前面说过，词义扩大是就词的某一意义而言，指称的范围由小类变成了大类，这个小类包含在大类之中，像是大圆中的一个小圆。转移是就两项意义而言，它们的所指不是小类和大类的关系，是两类之间的关系，像是两个圆。从逻辑上讲，外延是不相同的。比如上面谈到的"菜"，它的意义（范围）是对主食（饭食）而言，其中包含蔬菜、肉、蛋等，古今所指范围大小不一。如果有一天菜由副食转指吃菜的人，那才叫作词义的转移。

转移有两种情况。有的词，新义产生之后，旧义就不再用了，如上面谈到的孩、名胜。有的词，新义产生之后，旧义还沿用（或者是还要沿用一段时间），如上面举到的兵、偏房。现代汉语中有"街坊"一词，有时指处所空间，如说"我们两家住街坊"；有时指人，如说"他是我们家的街坊"。从另一个角度看，第二种情况也可看作词义的增加。

（1）词义的易位。[2] 上面谈到词义的转移，涉及的是两类之间的关系。有时，一个大类划分为若干中类，中类还可以分成小类，甚至再分下去，那么有没有这种情况呢：词义从一个中类转入另一个中类，或者从一个小类转入另一个小类？

---

[1] 此例转引自《恒言录》卷四。

[2] 这一节主要参照了蒋绍愚老师的《古汉语词汇纲要》（第81—82页），以下称《纲要》。

比如现在叫作眼泪的，古代叫涕。《诗·陈风·泽陂》："涕泗滂沱。"现在叫作鼻涕的，古代称作洟。《说文》："洟，鼻液也。"(这个意义又写作"泗"。)后来眼泪称泪，涕不再指眼泪而指鼻涕了。这种变化可以图示如下：

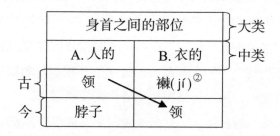

从图中可以看出，涕这个词指称的范围由中类 A 转入了中类 B，A、B 这两个中类又同属于津液这个大类。《纲要》一书把这种词义的变化称作易位。易位也是一种转移，是在同一个大类中的转移。下面再举两个例子：

	身首之间的部位		大类
	A. 人的	B. 衣的	中类
古	领	襋(jí)②	
今	脖子	领	

领，本指脖子。《左传·成公十三年》："引领西望。"后指衣领，从中类 A 转入了中类 B。

---

① 《说文》："汗，身液也。"(依段注本。)
② 《说文》："襋，衣领也。"《诗·魏风·葛屦》："要之襋之。"(这里指缝衣领。)

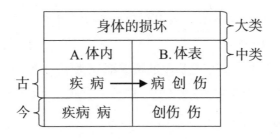

病谓体内疾病，古书中外部创伤严重也可以叫作病。《左传·成公二年》："病未及死，吾子勉之。"这里指晋国的主帅受箭伤。"病"在古代由中类 A 转入了中类 B，但原有的意义仍旧保留，与前面两个例子有所不同（参见前面对转移两种情况的分析）。

走，古代的意思是跑，两脚离地；现在的意思是行，一脚离地，同指身体的运动，也属于易位。这是人们最常举的一个例子。

（2）词义的包容。前面讲过，脸这个词原指颊，后指脸面，这类情况不宜看作词义的扩大，那么能不能看作是词义的转移或易位呢？咱们已经知道，词义的转移是从一类转向另一类，易位是从一个大类中的某一小类转向另一小类，面颊和脸面既然不牵涉两类之间的关系，就不好说成是转移或易位。面是整体，脸（颊）是局部，是一种包容的关系，可以图示如下：

从图示可以看出，脸由指称局部变为指称全体。下面一些例子也是包容：

屋 原指屋顶，是房屋的覆盖部分。《诗·小雅·十月之交》："彻（拆毁）我墙屋。"又《诗·豳风·七月》："亟其乘屋。"后指整个房屋。

足 原指膝盖以下部分（包括膝盖）。[①]《易·说卦》："乾为首，坤为腹，震为足，巽为股……"[②] 后指脚。

脚 古代指小腿。《墨子·明鬼下》："羊起而触之，折其脚。"后指小腿以下的部分。

颜 本指前额部分。《素问》："心热病者颜先赤。"后指整个脸面，颜面。汉王延寿《王孙赋》："颜状类乎老公，躯体似乎小儿。"

3. 泛指和特指

在研究古汉语词汇的著作中，有泛指和特指的说法，这个术语谈的也是词义范围的问题。

先说泛指。

人们常举的例子是"禾"。"禾"是北方所说的谷子。《诗·豳风·七月》里讲："禾、麻、菽、麦。"清陈奂《诗毛氏传疏》："禾者，今之小米。"这首诗下面又讲"十月纳（收进）禾稼"，这句话中的"禾"讲的是谷类作物。"禾"的这两个意思，前一个范围窄，后一个范围宽，我们就可以说"禾"泛指谷物。

徒 做名词有时指军队中的步卒。《国语·吴语》："乃命

---

① 参朱骏声《说文通训定声》对"足"的解释。
② 李鼎祚《周易集解》："巽为顺，股顺随于足，故巽为股。"

王孙雒（人名）先与勇获（人名）帅徒师。"泛指兵卒。《诗·鲁颂·閟宫》："公徒三万。"

币 是用作礼品的帛。《战国策·齐策三》："请具车马皮币。"泛指用作礼品的物品。《国语·齐语》："故使轻其币而重其礼。"

再说特指。

特指与泛指相反，指一个词的两个意义，前一个所指范围宽，后一个窄。

比如：

媵（yìng） 是送的意思。《仪礼·燕礼》："媵觚（指送酒）于宾。"特指诸侯女儿出嫁时以人陪嫁陪送。《左传·成公八年》："凡诸侯嫁女，同姓（同姓国）媵之，异姓则否。"

色 指容色。《论语·阳货》："色厉而内荏。"特指怒色。《庄子·外物》："庄周忿然作色。"《战国策·赵策》："太后之色稍解。"如果是喜色、忧色，前面就要加喜悦、忧愁意思的字眼。

声 指声音。《诗·大雅·文王》："无声无臭。"特指音乐。《论语·阳货》："恶郑声之乱雅乐也。"

怀 指情怀、怀想，特指忧伤。《诗·邶风·终风》："寤言不寐，愿（思）言则怀。"毛传："怀，伤也。"又《诗·鄘风·载驰》："女子善怀。"

事 一般指事物、事情，特指不好的、不称心的事。《国语·鲁语上》："居官者，当（面对）事不避难。"指不测之事。贾谊《新书·过秦下》："天下多事。"《朝野金载·补辑》："百司嫉之，欲成事。"指罪过。现代汉语中有生事、出事、犯事、没事（怎么样？没事）等说法，都反映了这种特指义。

从上面的例子可以看出，泛指和特指都是与一个词本来指称的范围（可以称为"本指"）相对而言的：第一，对本指来讲，泛指的词义范围要大，而特指的词义范围要小。第二，还可以看出，对本指来讲，泛指是大类，如禾$_1$（谷子）——禾$_2$（谷类作物）。相反，对本指来讲，特指是小类，如色$_1$（容色）——色$_2$（怒色）。第三，有人也许要问，既然泛指、特指也是大小类的关系，那么和词义的扩大、缩小又有什么不同呢？扩大与缩小，讲的是词义范围的一种历时变化，是就变化的结果而言的。泛指和特指，讲的是词语的一种共时运用，它只是指明在不同的上下文中词义指称的范围有所不同，并不考虑词义变化的先后不同。"禾"这个词，在同一首诗中指称范围不一样，就是一个典型的例子。换句话说，泛指（或特指）与本指都在使用，本指并没有被废弃。不过话又说回来，泛指和特指既然都是对本指而言，从根本上讲，仍有一个先后的问题，本指自然在前，泛指和特指在后，只不过在使用这两个术语时对这种前后关系忽略不计罢了。

由此说来，分析泛指、特指的前提是确定本指。一个词本指是什么，有时看法不一样。比如媵，有的认为陪送是第一义，送是第二义，那就和我们的分析不同。

一个词既有本指，又有特指或泛指，其原因还需要做深入的研究。就泛指说，如果一个事物（如作谷子讲的"禾"）在一个大类（谷物）中占有重要的或比较特殊的地位，那么往往就用这个事物来泛指这个大类。反过来也一样，特指的事物也往往是在大类中占有主要的或特殊的地位。"金"，在古代指金属，过去有白金（银）、赤金（铜）、墨金（铁）这样的说法，①

---

① 《汉书·食货志》："金刀龟贝。"颜师古注："金谓五色之金也。黄者曰金，白者曰银，赤者曰铜，青者曰铅，黑者曰铁。"

又特指黄金，这是因为"黄为之长"（《说文》），在"五色金"中占有特殊的地位。现代汉语中"肉"这个词也有这种趋势，如果单说肉，往往特指猪肉，别的肉常常加上限制语，如羊肉、鸡肉什么的。

词义的扩大和缩小是已经形成了的固定意义，泛指和特指有的比较稳定，有的还不十分稳定——是一种随文形成的"临时"意义。比如"色"特指怒色，比较常见。在《庄子·徐无鬼》中，吴王告诫他的朋友颜不疑"无以汝色骄人"，颜不疑归而以董梧为师，"以锄（抛弃）其色"，这里的"色"指的就是骄人之色。

4. 词义的轻重与情感义

词义不但有一个范围，有的词义还有轻重的不同。轻重是指一种程度，比如拿温度来说，就有冷、凉与温、热的不同。在"过有厚薄，则刑有轻重"（《商君书·开塞》）这句话中，"过"指罪过，词义较重；在"人谁无过"（《左传·宣公二年》）这句话中，"过"指过失，词义要轻。

这里要谈的是有些词义的轻重古今有所不同。

先说词义加重。常举的一个例子是"诛"。诛，从言，较早的时候指责备。孔子的学生宰予白天睡觉，夫子老大不满意，说："于予与何诛？"意思是说，对于宰予我还责备他什么呢？后来引申指责罚、处罚，词义加重了。《韩非子·难三》："有罪者必诛。"又引申为诛杀，词义更重了。

诬 《说文》："加言也。"（依玄应《一切经音义》卷五）指说话夸大失实。《大戴礼记·曾子立事》："不能行而言之，诬也。"引申为欺骗。《左传·襄公二十七年》："以诬道蔽诸侯。"又引申为中伤、诬蔑。

谤 原有批评、议论(过失)的意思。《国语·楚语》:"近臣谏,远臣谤。"传说尧舜时在道路旁竖起木牌,谁有意见就可以写在上面,叫作谤木。《淮南子·主术训》:"尧置敢谏之鼓,舜立诽谤之木。"引申指议论问题不符合实际。《佛说维摩诘经》卷上记载,有一次佛的弟子阿难说佛"小中风",维摩诘说:"莫作是语,如来身者金刚之数,众恶已断,诸善普会,当有何病?……勿谤如来,慎莫复语。"如果是恶意地说坏话,那就是诽谤。《说文》:"谤,毁也。"这是词义的加重。

再说词义的减轻。比如购,原指重金征求。《史记·项羽本纪》:"吾闻汉购我头千金,邑万户。"后指购买。

取 从耳从又(手)。古时对捕获的俘虏或野兽割取左耳以计数论功,"取"原含强取的意思。《左传·隐公三年》:"郑祭足(人名)帅师取温(古国名)之麦。"后指一般的获取。

告诉 原多指倾诉内心的不平与屈枉。《后汉书·明帝纪》:"百姓愁怨,情无告诉。"后来指说给人听。

上面提到的凉,较早的时候可指寒冷。《诗·邶风·北风》:"北风其凉,雨雪其雱(pāng,雪盛)。"后指凉爽。

纳闷 旧有烦闷、愁闷义。《京本通俗小说·错斩崔宁》:"说便是这般说,那得有些好处,只是在家纳闷,无可奈何。"

下面谈情感义的变化。

上面说过,情感义是附加义的一种。人们常举的例子是"爪牙"一词,这个词现在是典型的贬义词,可过去不然,"爪牙"指得力的武臣,所以《晋书·纪瞻传》讲:"臣闻皇代之兴,必有爪牙之佐,扞城之用,帝王之利器也。"飞将军李广就被称为"国之爪牙"(《汉书·李广传》)。即使像"淫威"这样的词，古代也有不含贬义的。《诗·周颂·有客》："既有淫威，降福孔夷（大）。"这里"淫威"指大威德。

妖 玄应《一切经音义》卷一引《三苍》："妖，艳也，谓少壮妍好之貌。"曹植《美女篇》："美女妖且闲（娴雅），采桑歧路间。"后妖艳、妖里妖气这类说法带有贬义。

媚 古有爱的意思，与后来的取媚、献媚有所不同。所以，司马迁在《报任安书》中讲他自己"日夜思竭其不肖之材力，务一心营职，以求亲媚于主上"。

暴（旧读 pù）**露** 现在讲有贬义，在古代只是显露无隐蔽的意思。《左传·襄公三十一年》："其暴露之，则恐燥湿之不时而朽蠹。"

也有过去含贬义，后来贬义丧失的。

强人 这个词在近代白话中指强盗。《水浒传》第五回："定是去报山寨里大队强人来杀我家。"近几年来有女强人的说法（不说男强人），指精明强干、事业有成的女性。

态 现在说姿态、态度，是中性词，古代文献中有含贬义的。《离骚》："余不忍为此态也。"指小人之态。《战国策·秦策三》："足下上畏太后之严，下惑奸臣之态。"

锻炼 古有罗织罪名、枉法陷人于罪的意思（本指冶炼金属之趋于成熟）。《后汉书·韦彪传》："锻炼之吏，持心近薄。"这个引申义后来消失了。

（四）搭配关系的变化

词的搭配关系，也就是一种组合关系。一个词，新义的产生，旧义的消亡，词义范围和其他方面的变化，这一切都是这个词在长期的使用过程中完成的。所谓使用，就是词与词的搭配或者说组合。研究者常举的一个例子就是"吃"。在古代，吃的对象可以是饭食，这和今天是一样的，但也可以是茶、酒一类的东西。如《初刻拍案惊奇》卷八："问酒保讨个大碗，连吃了几壶，然后讨饭，饭到，又吃了十来碗。"《水浒传》第二十三回："酒家道：'客官，你要吃酒时，还有五六碗酒哩！只怕你吃不得了。'"在现代吴方言中，还有吃茶、吃酒、吃烟这样的说法。①

"趣味"这个词，《现代汉语词典》的解释是："使人感到愉快、有意思、有吸引力的特性。"但在近代白话中，可以和饮食相搭配，做味道讲。《清平山堂话本·快嘴李翠莲记》："此茶唤作阿婆茶，名实虽村趣味佳。"

从词义讲，古代"吃"既然能和茶酒搭配，其动作行为概括的范围就要比现在宽，所以研究词义的变化，自然应注意到词语搭配的不同。

阅读古书，最容易引起人们注意的是一些表示时间和空间的词搭配关系与今天有所不同。《左传·襄公十三年》："唯是春秋窀穸（zhūn xī）之事。"晋代的杜预解释说："窀，厚也；穸，夜也。厚夜犹长夜也。"《说文》："窀穸，葬之厚夕也。"窀穸之事指埋葬之事，人死了埋入地下，如漫漫长夜。长夜，古人可以说厚夕、厚夜，现在厚不能和时间词连在一起。

"浅"这个词，古代也可以用来指时间。司马迁《报任安书》："（是以）相见日浅，卒（cù）卒无须臾之闲得竭指意。"与"浅"相对的"深"又有所不同，古代和现代都可以表时间，

---

① 闵家骥《简明吴方言词典》，上海辞书出版社。

如夜深、深秋、年深日久。唐骆宾王《夕次旧吴》:“地古烟尘暗，年深馆宇稀。”

首先看看一些实词在搭配方面发生的变化。“父”既是名词，在古代又可以表示性别，用作区别词。《说文》:“特，牛父也。”指公牛。又:“牡(雄性牲畜)，畜父也。”《汉书·食货志》说汉武帝时经济发展很快，“众庶街巷有马，仟伯(阡陌)之间成群，乘牸牝(雌性牲畜)者摈而不得会聚”。唐颜师古引三国时孟康的解释说:“皆乘父马，有牝马间其间则踶啮，故斥出不得会同。”“父马”就是公马。婆，在普通话中是名词，吴方言中把母鸡叫婆鸡，① 情况与此相似。

“下”，在现代和古代都可以做动词用，现代的如下命令(颁发)、下种(放入)、下结论(做出)、下功夫(付出)、下笔(使用，开始使用)等。② 中古时期，“下”的搭配对象很多，如:

下食、下馔、下果、下饮，“下”表示摆设(饮食果品)。《世说新语·德行》:“(陈太丘)既至，(荀朗陵)使叔慈应门，慈明行酒，余六龙下食。”《南史·顾宪之传》:“暂施几席，唯下素馔，勿用牲牢。”《世说新语·纰漏》:“坐席竟，下饮。”又:“王敦初尚主，如厕，见漆箱盛干枣，本以塞鼻，王谓厕上亦下果，食遂至尽。”

下意、下节度、下情，“下”表示提出或表示(意见、情怀)。《世说新语·方正》:“刘东曹何以不下意?”《南史·刘穆之传》:“帝举止施为，穆之皆下节度。”《南齐书·萧惠休传》:“今段(这一次)殊觉其下情厚于前后人。”

---

① 闵家骥《简明吴方言词典》。

② 参见《现代汉语词典》。

下名，签名。《南齐书·纪僧真传》："上（指皇帝）在领府军，令僧真学上手迹下名。"

下针，用法如今之下刀。《梁书·萧恢传》："及慧龙（人名）下针，（萧恢眼目）豁然开朗。"

下物，装物入船。《宋书·刘劭传》："船故（仍旧）未至，今晚期当于此下物令毕。"

下治，治病。《魏书·徐謇传》："诊省下治，果有大验。"

"薄"，作为形容词，在古代可以指土地面积小或面积变小。《左传·僖公三十年》："焉用亡郑以陪邻（增加邻国的土地），邻之厚，君之薄也。"现在也说土地厚薄，但那是指肥力而言。薄又可和技能搭配。司马迁《报任安书》："主上幸以先人之故，使得奏（进献）薄技。"可以与职官搭配。《南史·陶潜传》："潜弱年薄宦。"古代甚至有鼻薄的说法。佛经中有"匾匜（tī）"一词，指鼻子扁平的样子。《经律异相》卷三十一附音义："匾匜，鼻薄也。"[1]

"肥"这个形容词，今天除了"减肥"这种固定的说法和一些戏谑的用法，一般不和人搭配，但在古代可以。《三国志·魏志·明帝纪》注引《博物志》："时京邑有一人，失其姓名，食啖兼十许人，遂肥不能动。"

"恶"，现在指凶狠（恶狗、恶霸，这个人真恶）、恶劣（恶习）等，古代可以和颜色、气味搭配。《论语·乡党》："（鱼和肉）色恶不食，臭（xiù）恶不食。"

量词的搭配组合也有变化。下面是《汉书·货殖列传》里的一段话：

---

[1] 此例转引自方一新、王云路《中古汉语语词例释》。

> 故曰陆地牧马二百蹄，牛千蹄角，千足羊，泽中千足彘，水居千石鱼波（陂岸），山居千章之萩。安邑千树枣……

二百蹄，每匹马四蹄，计五十匹。千蹄角，依颜师古注，是167头牛（每头牛两角四蹄）。千足羊，250头。石，重量单位，120斤。章，通"橦"，指大的木材。《汉书·货殖列传》还有"竹竿万个"的话，《世说新语·假谲》有"玉台镜一枚"的话，量词和名词的搭配都和今天不同。最令人惊异的是古书中还有用头指人的。汉王延寿《灵光殿赋》："五龙比翼，人皇九头。"李善注："宋均曰：九头，九人也。"

（五）词义的引申

1.词义的引申与核心义

上面两节所谈的内容，如词义的增减，词义范围的变化，词义轻重和褒贬色彩的不同等，都是就变化的结果而说的，下面咱们要分析这些变化的来路，也就是变化的途径和缘由，这就是常说的词义的引申。比如上面说到的"锻炼"一词，本指锻冶金属以至成熟，引申指枉法构人之罪以至成立，后又引申指在身体或思想方面经过磨炼而更加健全，搭配的对象都发生了变化。

词义的引申如同动物和人的生殖繁衍一定要有遗传的因素传续那样，一个词的新义和旧义之间也必定有遗传的因素相接续，找出这个遗传因素，才能使我们对一个多义词家族进行谱系分析。但新旧"两代"毕竟有所不同,新义既承继了旧义中的一部分(可以称为旧质),又要舍弃另一部分并增加新的成分(可以称为新质)。

比较下面两句话:

人总是要死$_1$的

把门关死$_2$了

死$_1$说的是人丧失生命不能活动,死$_2$讲的是门关紧不能活动。"不能活动"就是死$_2$从死$_1$继承下来的遗传因素,"丧失生命"这个意思在死$_2$中被舍弃了。在《词义的分解》一节中咱们曾谈到"发"这个词,下面进一步做较详细的分析:

(1)箭射出(引而不发) 拉弓+使箭+离开

(2)发出,产生(发芽,发声) 某种事物+脱离本体+出现

(3)派遣,出发 有目的地+派人+离开;人+有目的地+离开

(4)打开(探囊发匮) 使遮盖的部分+离开

(5)启发(发蒙,抽象意义) 使蒙蔽思想的部分+离开

(6)显现,表露(发扬) 被蒙蔽的部分+(向上)离开+达于表面

(7)发散 原来聚集的东西(如气味)+离开+向四面扩展

(8)表达(发言) 言语、意向+离开(自身)+显现

从上面对"发"的分析可以看出,有一个遗传因素是各项意义共有的,那就是"离开",它像是一条血脉,一条纽带,

将一个多义家族中的全部成员联系在一起，显示了它们之间的亲缘关系，我们可以把"离开"称为遗传义素。[1]遗传义素的揭示使我们对词义引申过程中各项意义之间的承继关系有了深入的了解，是我们分析词义发展的关键所在。

我们在前面谈到多义词的词义结构时，将意义分为本义和引申义两部分。本义是这棵大树的根，引申义是它的枝条，这个遗传义素就是树心，它来源于本义，又延伸到各项引申义之中，我们可以将它称为核心义。尽管在字典、词典中并不一定作为一个义项单独列出，但从某种意义上讲，核心义的重要性并不亚于本义。

前面说过，词义反映人对事物特征的认识。对同一件事物，不同的民族认识的角度和侧面可以有所不同，词义的引申发展是一种民族心理的反映，它反映了一个民族对不同事物相互联系的一种认识、一种联想。从这个角度说，核心义也可以说是词的特征义，我们前面谈到泛指时曾举到"徒"这个词，它何以会有兵卒、徒然（徒劳无益）、仅仅（徒托空言）这些引申义？下面是对这几个义项的分析：

本义：徒行，不凭借车子行路。行走＋无＋凭借（车）

引申义:（1）步卒：无凭借（车）的＋士兵

（2）兵卒：词义范围扩大，泛指兵卒

（3）徒然，白白地：无＋效用

（4）仅仅（范围副词）：无彼＋有此[2]

可以看出，"无（凭借）"是徒的核心义。古书中有徒众、

[1] 参见拙文《词义引申中的遗传义素》，《北京大学学报》，1992年第4期。
[2] 韩愈《调张籍》："徒观斧凿痕，不瞩治水航。"

刑徒、门徒，这些词起先都是就同一类人而言，划分这"同一类"的根据就是核心义"无（凭借）"（徒众是兵卒的扩大）。

"因"，这个词何以有原因、依顺（因循）、因为这样一些意义？可以做下面的分析：

本义：茵席，席垫一类的东西（通常写作"茵"），是用来做凭借的衬垫。[①]

引申义：（1）原因　用以凭借的条件

　　　　（2）依顺　凭借以前的而不加改变

　　　　（3）因为　凭借某种条件而产生某种结果

可以看出，与"徒"相反，"因"的核心义是"凭借"。《国语·郑语》："其民沓贪（贪婪无厌）而忍（狠心），不可因也。"用的就是这个核心义。

"运"，如果认为这个词只是讲运动、运输，那是一种表面的理解。《广雅·释诂四》："运，转也。"它的核心义是旋转（圆形运动）。《易·系辞上》说"日月运行"，反映了古人对日月运行轨道的认识。《庄子·徐无鬼》里讲"运斤（斧）成风"，用现在的话说，就是把斧子抡圆了。如果说是挥舞，那还不够贴切。从字形看，"運"（"运"的繁体）是个从"军"得声的形声字。军，《说文》解释为"圜围"。古代车战，军队宿营，把车子围起来做营垒，这就是军。"军"也有圆的意思。

2. 词义引申的轨迹

直接引申与间接引申　如同列车的运行，词的本义是始

―――――――――

① 《诗·秦风·小戎》："文茵畅毂。"文茵，指有花纹的车垫子。畅毂，长的车毂。字书中又有絪、鞇，都是因的区别字。

发站，不同的引申义中途经过的换乘站和到达的终点站有不同，它们运行的轨迹是不一样的。"月"由月亮引申指时间，"光"由光芒转指光明，"白"由白色引申为明亮（如"白日放歌须纵酒"），这些都是一步到位（到终点站），是直接引申。

另有一些引申义则不同。以"左"这个词为例。"左"既有帮助的意思，又有不支持、反对的意思。《左传·襄公十年》："天子所右（助），寡君亦右之；所左，亦左之。"分析起来，"左"由左手引申指左方。古以右为尊，左有卑下之义。《史记·孝文本纪》："右贤左戚，先民后己。"由此引申为疏远，不支持。《史记·魏世家》："张仪相，必右秦而左魏。"这个引申线索是：

　　左手—左方—卑下—疏远，不支持

"光"这个词，表示范围有完了的意思，如吃光、花光。分析起来，这也有一个引申的过程。"光"由光芒可以引申为光滑（平滑有光泽），平滑的意思是无凹凸阻挡，由平滑无阻引申为无遮挡，[①]由此进而引申为没有，完了。其引申线索是：

　　光芒—光滑—无遮挡—没有，完了

这样的引申，不是一步到位，父生子，子生孙，代代更新，所以称为间接引申。

单向引申与多向引申[②]　　直接引申与间接引申讲的是引申义与本义关系的远近，下面要讲的单向引申与多向引申说的是引申的线路是一条还是几条，方向是不是一样。

"熟"，本指烹饪食物使熟，引申为深透、周详（熟视、

---

① 现代汉语中的"光溜溜"有两个意思：a. 光滑；b. 形容无遮盖的样子。二义相关。
② 多向引申又称为辐射引申。

熟虑），由此再引申为熟悉，指一种结果。它的引申线索是单向的。

"烂"，《说文》解释为"火熟"（从段注本），谓用火煮烂食物。《吕氏春秋·本味》："熟而不烂。"由此引申为腐烂。《韩非子·忠孝》："朽骨烂肉。"由火熟引申为火烧伤。《左传·定公三年》："（邾子）废（倒下）于炉炭，烂，遂卒。"由火熟的火又引申为有光，亮丽灿烂。《诗·唐风·葛生》："锦衾烂兮。"由食物熟烂又引申为碎烂、破碎。汉蔡琰《悲愤诗》之一："还顾邈冥冥，肝脾为烂腐。"由食物极熟引申为极熟悉。过去有"《文选》烂，秀才半"（清王士禛《师友诗传录》）的话。由此虚化为副词，极、甚：文章背得烂熟。烂的引申线索是：

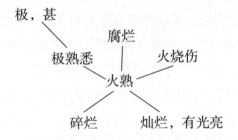

从古代汉语词汇的情况看，多义词以多向引申居多。一个意义复杂的多义词，往往是多向引申中既包含有直接引申，也包含有间接引申。上面提到的"左"就是如此。

上面谈的是引申的轨迹。如果从另外一个角度分析词义引申，就可以看出从个别到一般、从具体到抽象是词义引申的一般规律。匠，从木匠引申为有技艺的人；烂，从食物熟烂引申为碎烂；习，从鸟的练习飞翔引申为练习；集，从众鸟集于木引申为集合：这些都是从个别到一般的例子。理，从治玉引申为治理，又从玉的纹理引申为条理、规律、道理；术（術），从道路引申为方术、技术；极（極），从屋的栋梁引申为极点、尽头；纪，从丝的头绪引申为纲领（双音词有"纪纲"）；老，从年龄大引申为疲怠不振，引申为老练：① 这些都是从具体到抽象的例子。从个别到一般、从具体到抽象是人们认识事物的规律，这从另一个方面说明了词义和认识的关系。

词义反映认识，但这并不是说我们可以随意解释词义的引申关系，需要特别注意的倒是应当戒除这种主观随意性。纯，《说文》："丝也。"这是本义。"纯"在古书中又有大的意思。《诗·小雅·宾之初筵》："锡尔纯嘏（赐给你大福）。"段玉裁的注解说，"纯"借作醇，有纯一不杂的意思。"不杂则壹，壹则大"，所以"纯"有大的意思。说"壹"和"大"之间有引申关系，这样的解释就有些牵强。②

平行引申　先看下面的例子：

> 他的话真叫人心寒。
>
> 听了他的话，心都冷了。
>
> 听了他的话，心凉了半截。

这几句话里的寒、冷、凉都是失望而痛心的意思。不难看出，这三个词所以会有同样的引申义，是因为它们的意义相近，词性相同，是一组典型的同义词，经引申后产生了相同的意义。它们的引申线索是：

---

① 《左传·文公十二年》："将以老我师也。"杜甫《奉汉中王手札》："枚乘（人名）文章老，河间礼乐存。"
② 《说文》中另有"奄"字，意为大，有人认为是纯的本字。

寒：温度低——失望而痛心

冷：温度低——失望而痛心

凉：温度低——失望而痛心

这就是咱们要讨论的平行引申（又称作同步引申）。从上面的例子可以知道，所谓平行引申，是指一组意义相同相关或相反相对（见下例）的词沿着同一方向而各自衍生出相同的引申义。称作平行引申，是考虑到一组词所以会有相同的引申义，很难说是一个词受另一个词影响的结果（参见下面要讨论的"相因生义"）。比如"寒"和"冷"有相同的引申义，我们就不好说是"寒"影响了"冷"，还是"冷"影响了"寒"。咱们在前面说过，引申产生了人们对不同事物相互关系的一种认识，既然一组词原来的意义是相近相关的，那么在人们的联想中，与之相联系的事物就可能是相同的，也就是说，相近的词义会引起相同的联想。再比如"恃"和"待"，古代都有凭借的意思。《诗·小雅·蓼莪》："无母何恃?"《商君书·农战》："国待农战而安。"引申都有等待的意思。《晋书·桓温传》："温恃麦熟，取以为军资。"《汉书·匡衡传》："衡免冠徒跣待罪。"

前面讲到，"女"由女性引申为柔弱。《诗·豳风·七月》："猗彼女桑。""女桑"即柔桑。"雌"由雌性也引申为柔弱。《老子》二十八章："知其雄（雄强），守其雌。"韩愈《病中赠张十八》："雌声吐款要（真切的情意），酒壶缀羊腔。"

《说文》："摄，引持也。"又："控，引也。"都有拉、引的意思。《左传·襄公二十三年》："摄车从之。"曹植《白马篇》："控弦破左的。"引申都有控制的意思。《诗·郑风·大叔于田》："抑磬控忌。"（磬：驰马。控：止马。抑、忌：助词。）《隋书·郭荣传》："请于州镇之间更筑一城，以相控摄。"

有时，如果一组词的意义相反相对，相配成对，其引申义亦相配成对。

如"多"和"少"，由数量的相反引申为对人、对事物的评价相反。《韩非子·五蠹》："故传天下（指古代的禅让）而不足多也。""多"指肯定称赞。《论衡·程材》："儒生之徒亦自相少。""少"指轻视否定。

"厚"与"薄"也是这样。《史记·孙子吴起列传》："曾子薄之。"《离骚》："伏青白以死直兮，固前圣之所厚。"

"都"和"鄙"这两个词，古代都指城邑。"鄙"指城外的郊区，词义相对，由此引申为人物的高雅美好与鄙陋。汉马融《长笛赋》："尊卑都鄙，贤愚勇惧。"

利用同步引申可以帮助我们更深入地认识词的意义。《左传·成公二年》："此车一人殿（镇）之，可以集事。""集事"就是成事。"集"做成讲是引申义还是假借义，看法有所不同。清代学者朱骏声《说文通训定声》认为"集"借作就，做成讲是假借义。古书中另有一个词"凝"也有成的意思。《书·皋陶谟》："庶绩其凝（众功皆成）。""集"（众鸟栖于树上）和"凝"都有聚止、定止的意思，由此引申为成、定。[①] 如果这样考虑，那么"集"做成讲就是引申义了。

《诗·小雅·蓼莪》："拊我畜我，长我育我。"郑玄注："畜，起也。"清马瑞辰《毛诗传笺通释》认为"畜"是好（hào）、爱的意思。他的理由有两个：1.《广雅》："慉，喜也。"慉、嫀、畜义相近。郑玄注畜为起，是把畜看成慉的假借字。2.畜与好古同声。《孟子》里讲："畜君者，好君也。"这里的问题在于

---

① 《广雅·释诂四》："凝，定也。"成、定意义相关。

对"起"的理解有所不同。① "起"有养的意思。《世说新语·政事》："陈仲弓为太丘长，有劫贼杀财主，主者捕之。未至发所，道闻民有在草不起子者，回车往治之。""举"在古代也有生养的意思。《史记·孟尝君列传》记载，孟尝君生时，其父告其母"勿举"，"其母窃举生之"。山西晋中有的地方把养育孩子叫作抬将。起、举、抬都表示向上，平行引申为养育。这样看来，《诗·小雅·蓼莪》中"畜"还是解释为养比较妥当。

相因生义 1994年11月12日，《上海大众卫生报》载文，说现在有一种新的环境污染，名叫噪光。所谓噪光，是指在一些城市中对大厦临街的一面进行大面积的玻璃镜面装饰，闪闪发光，或是广告牌和霓虹灯的刺眼光亮，这些都会给人的身体造成损害。把噪和光连在一起，造出"噪光"这样一个词，在情理上说不通。显而易见，这是受"噪音"一词的影响类推出来的：对人有害的声音既然可以说噪，那么对人有害的光也未尝不可以说噪。

上面说的是由于受一个词的影响而生出了一个新词（这个新词是否能站住脚姑且不论）。与此相类似，在词义的发展中，一个词也可能由于受另一个词某项意义的影响而生出一个新义，这就是咱们要讨论的相因生义。

《伍子胥变文》讲子胥出逃过江，江边渔人说："适来鉴貌辨色，观君与凡俗不同。君子怀抱可知，更亦不须分雪。"敦煌本《八相变》："太子恒在宫园（应作'闱'），不知世间之事，为复人总衰老，为复只是一人？请不惜情，子细分雪。"这两个"分雪"都是解释清楚的意思。"分"可以做分辩解释，"雪"

---

① 朱熹和清代学者陈奂都将"畜"解释为养。

怎么会有这样的意思呢？看变文以前的古书，"白"有分明、辩白的意思。《吕氏春秋·士节》："今晏子见疑，吾将以身死白之。"古书中"分白"一词，也有分明的意思。《韩非子·制分》："是以赏罚扰乱，邦道差误，刑赏之不分白也。"雪色白（古书中有"雪刃""雪肤"的说法），雪、白关系密切，雪受到白的影响，也就有了分明的意思（做动词用，是解释分明）。李白《驾去温泉宫后赠杨山人》："一朝君主垂拂拭，剖心输丹雪胸臆。"

相因生义（有的又叫作词义的渗透），是说甲乙两词原来意义相关，甲词生出新义之后，乙词也有相同的新义产生，但乙词的这个新义不是由自身引申出来的，而是受了甲词引申义的影响而产生的。[1] 比如雪的分明义可以这样来表示：

甲词　白：①白色 ⟶ ②分白，表明

乙词　雪：①白色　　②分白，表明

谓，其基本义是言说，告语。《诗·秦风·蒹葭》："所谓伊人，在水一方。"言说与内心的想法有关，由此引申为认为、以为。《左传·襄公三十一年》："吾岂敢谓子面（你的脸）如吾面乎？抑（不过）心所谓危，亦以告也。"这两个"谓"，后一个是认为；前一个翻译成说或者认为似乎均无不可，最足以说明这种引申关系。"谓"后来又引申出料想的意思（料想也是一种想法），常用于反问句和否定句。《魏书·李顺传》："不谓此叟无

---

① 参见蒋绍愚先生《论词的"相因生义"》，收入《语言文字学术论文集——庆祝王力先生学术活动五十周年》，知识出版社，1989年。

礼乃至于是。"

汉以后，"言"这个词也产生了认为和料想这两个意思。晋代的《杂歌谣辞·凤凰歌》写道："凤凰生一雏，天下莫不喜。本言是马驹，今定成龙子。"《孔雀东南飞》："十七遣汝嫁，谓言无誓①违。"《唐人小说·续玄怪录·杨恭政》："人世徒纷扰，其生似蕣华（木槿花）。谁言（料想）今夕里，俛首视云霞（指成仙）。"

汉以后，另有一个词"呼"，也产生了以为义。《七女经》："卿家中自呼是女端正，虽尔，当遍将至国中示人。"《出曜经》卷二十一："君莫呼此女谓为是人，皆是罗刹鬼耳。"可以认为，"言""呼"衍生出认为、料想这样的意义，是受到"谓"的影响。图示如下：

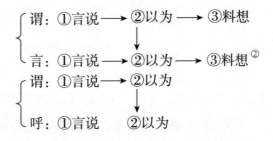

两个词相对相反，其中一个词也会受到另一个词的影响而产生相应的新义，比如黑和白。③在古书中，黑衣指僧人（僧人穿黑衣），俗徒被称为白衣。梁慧皎《高僧传·支遁》："支遁

① 誓，应作"誓"，过失。
② "料想"是对未来情况的一种认为。这里暂且认为言的料想义是从以为义引申来的。
③ 这个例子参考了蒋绍愚先生的《古汉语词汇纲要》，第86页。

止东安寺，讲《道行般若》，白黑钦崇，朝野悦服。"但未出家的人未必都穿白衣，所以这样说，是因为黑白意义相反，黑既指僧，则白就用来指俗了。图示如下：

黑：①黑色 —→ ②僧人（黑衣）

白：①白色　　　②俗众（白衣）

有的读者可能要问，既然谓、言、呼三个词意义相近，为什么不说是词义的平行引申而一定要说是相因生义呢？这的确是一个值得考虑的问题。我自己的粗浅想法是，至少有两方面的因素值得考虑。第一，从时间上看，秦以前"谓"已经有了认为的意思，而"言"和"呼"汉以后才产生这个意思。第二，从词的使用看，谓言、谓呼连用的例子很多，我们也有理由认为言、呼是受了谓的影响。比如《孔雀东南飞》："谓言无罪过，供养卒大恩。"《经律异相》卷四十五："其长者家怪此夫人口为妄语，谓呼鬼病。"《法句譬喻经》卷一讲有一家生两个儿子，五六十天便会讲话了，"（其父）谓呼是鬼祟来生灾变，云何数十日小儿乃作此言"。

索，在古代有须、必须、一定的意思。元睢景臣《高祖还乡》："一壁厢纳草除根，一边又要差夫，索应付。"《京本通俗小说·错斩崔宁》："功名二字，是俺本领前程，不索贤卿忧虑。"另有一个词"须"，在很早的时候就有必须、须要的意思。《汉书·冯奉世传》："不须复烦大将。"在后来的文献中，须、索常连用。如《敦煌曲子词·洞仙歌》："拟铺鸳被，把人尤泥，须索琵琶从理。"《错斩崔宁》："（刘贵）分付二姐看守家中：'今

063

日晚了，不能转回，明晚须索来家。'"我怀疑"索"的这个意思是受了"须"的影响才产生的。

在古书中，"上"表示时间有久远的意思。如《孟子·滕文公上》："盖上世尝有不葬其亲者。"指远古时期。《吕氏春秋·荡兵》："兵之所自来者上矣。"有的研究者认为"上"表示时间久远是受了"高"的影响。从实际情况看，"上""高""前""远"这一类词都表示方位，在古汉语中，由表空间方位在上转指表时间次序在前是一种常见的现象。从时间上看，"上"在秦以前就已经有久远的意思了，"上"和"高"的关系，就不必一定要看成相因生义。确定相因生义要考虑到旧义和新义之间的关系，要考虑到词语使用时间的先后，要有充分的语言材料，总之要慎重。

词义交叉　下面是甲乙两个人的对话。甲："得了，你别说了。"乙："好了，你也别说了。"这里的"好"和"得"意义相同，都是表示该结束、让对方作罢的意义。但是我们知道，"好"和"得"的本义相差甚远，这里却引申出相同的意义，碰到一块儿去了，这就需要做一番分析。

"得"指得到，由得到引申为实现、完成。《礼记·郊特性》："阴阳和而万物得。"由完成引申为罢休、作罢。用在谈话结束的时候表示禁止。好，本指女子貌美，引申指优良、使人满意，由此再引申指达到好的程度和要求，即完成。《齐民要术·笨麹并酒》："《食经》作白醪酒法……盖满五日乃好，酒甘如乳。"进而引申为作罢。这两个词的引申线索是：

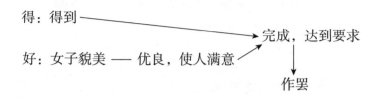

再看一个古汉语的例子。《尔雅·释诂》的第一条说：基、祖、元、胎，始也。这几个词原来的意义也不一样："元"指人的头，[1]"基"指墙的基础，"祖"指祖宗，"胎"指胎儿。在古人的观念中，元是人体之始，基是墙之始，祖是宗族之始，胎是人之始，词义由具体向着抽象引申，便都有了开始的意思，它们的引申线索是：

由上面的例子可以看出，词义交叉是指原来意义不同的一组词经引申后衍生出一个相同的意义，就像是几条发源地不同的河，它们的支流流到了一起。

极（極）与赴，都有到的意思。《国语·鲁语下》："齐朝驾则夕极于鲁国。""极"本是房屋最高处的栋梁。《后汉书·蔡茂传》："（茂）梦坐大殿，极上有三穗禾。"引申为顶点、尽头。《诗·小雅·蓼莪》："欲报之德，昊天（大天）罔极。"成语有登峰造极。再引申为到极点而止，到。"赴"的本义为急速奔走，

---

① 《左传·僖公三十三年》："狄人归（送还）其元。"

双音词有奔赴。《吕氏春秋·不屈》:"或负畚而赴乎城下。"引申为到。这两个词的引申线索是:

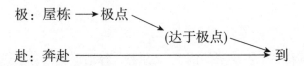

"武"和"绩",都有继的意思。武,在古代可以做足迹讲。《离骚》:"忽奔走以先后兮,及前王之踵武。"由沿着足迹走引申为继承。《诗·大雅·下武》:"下武维周。"这是说后人能继承先祖者乃是周家。绩,本指绩麻,把麻的纤维接续起来搓成线。《诗·豳风·七月》:"八月载绩。"引申为继续。《左传·昭公元年》:"子盍(何不)亦远绩禹功而大庇(庇护)民乎!"武、绩词义交叉。

"视"和"遇",都有对待的意思。视,谓看,由具体到抽象,由看视接触引申为看待、对待。《汉书·外戚传》:"吾百岁后,善视之。"遇,谓双方相遇。《论语·阳货》:"(孔子与阳货)遇诸涂(路)。"由相遇接触引申为对待。《韩非子·十过》:"(晋公子)今穷而出亡过于曹,曹遇之无礼。"视、遇词义交叉。

平行引申和词义交叉都是一组词引申出一个相同的意义,从结果说是一样的,但引申线索不一样。平行引申的一组词原来的词义有密切关系,或相同,或相对相反(这也是一种关系),词义沿着同一方向向前延伸,起跑线一样,终点线也一样。发生词义交叉的一组词,一般说原来的词义没有什么联系,不过出发地点虽不一样,路上却走到了一起。上面讲

"视"有看待义，古书中"看"也有看待、对待义。唐高适《咏史》："不知天下士，犹作布衣看。"视、遇做看待讲是词义交叉，视、看做看待讲就是平行引申了。

词义交叉是构成同义复合词的重要途径之一。《汉书·张敞传》讲杨恽因大逆不道被诛，"公卿奏恽党友不宜处位，等比皆免（免官）"。等比承党友而言，指与杨关系亲密的同类。等，谓齐等。比，原指一个挨一个，比并。《汉书·路温舒传》："比肩而立。"在人们的观念中，同类的人或事物才可以放在一起并列，所以古书里有"比而同之"（《孟子·滕文公上》）这样的话。《汉书·高帝纪》讲："位号比拟，亡上下之分。"也是讲同类齐等无区别。由此和"等"发生词义交叉，构成"等比"这样的双音词。

（六）词和词义的竞争——排斥与互补

依照词指称的事物或概念，我们可以把词分成不同的群体。比如食、嘬（chuài）、噇（chuáng）、啜（chuò）、啐、啖、饵、咬、啮这些词都和吃有关，它们就是一个群体。每一个群体都占据一块地盘，每一块地盘上都有若干词，这些词在这块地盘上各有自己的位置，这就形成了一种互补关系。

从理论上讲，每一种事物、每一种对事物的认识都应当有相应的词表示，这样才能满足人们交流的需要。在这块地盘上，一旦有的词被挤出去了，某一处出现了空白，就应当有别的词加以填补。从另一方面讲，如果有的词占的位置扩大了，或者有新的词进入了这块地盘，那么势必有另一些词占据的位置就会相应缩小，这就是词义的互相排斥。总之，一些词的变化必然要引起另一些词的相应变化。当一个词的范围扩大时，我们就要考虑是不是有别的词范围缩小了；当有的词范围缩小时，我们也要考虑是不是有的词范围扩大了；当有的词发生词义转移时，我们要考虑它原来的位置让谁占去了。这就是我们要讨论的词义的排斥与互补。

我们在前边谈到易位时曾举"涕"和"洟"的例子，从另一个角度看，涕（目液）和洟（鼻液）原来是互补关系，后来涕受到泪的排斥，洟又受到涕的排斥，结果泪和涕又构成了新的互补局面，而洟则被完全挤掉了。这种关系的变化可以图示如下：

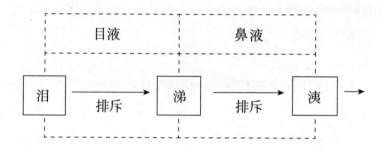

瓦，是"土器已烧之总名"（《说文》），词典里第一义项一般注为"原指各种陶土烧制的器物"。比如《诗·小雅·斯干》："乃生女子……载弄之瓦。"这里瓦指陶制的纺锤。《庄子·达生》："瓦注者巧。"这是说以瓦器为赌注。当然房瓦也是瓦的一种。《周礼·考工记·匠人》："葺屋（以茅草做屋顶）参分（三分），瓦屋四分。"这样看来，瓦既是瓦器的通名，又指屋瓦。

但是从现有的文字资料看，皿、缶、鬲、豆、盂这些表示瓦制器皿的词在甲骨文中已经出现，盌（碗）、盆、盉（hé）、缾（瓶）、罃（yīng）等词已经在金文中出现。这就是说，在一些瓦制品的专名已经出现的时候，瓦这个通名还没有出现。瓦出现以后，不但用来统称各种瓦制品，还指屋瓦，而且常常冠于别的专名之前构成一种类似双音词的说法，如瓦釜、瓦匜（一种用来洗手的瓦器）、瓦缶、瓦豆（一种陶制的礼器）、瓦盆、瓦鬲（瓦制炊器）、瓦案（瓦制的食盘）等。这样一些双音结构逐渐占据了瓦作为统称的那块地盘（瓦在这些词里表示的是一种质料，而不表示器物）。瓦撤退之后，做器物名用只能专指屋瓦了。[①] 图示如下：

读者想必都知道，"子"做子女讲，较早的时候是既可指男也可指女的，古书里有"鬼侯有子（女儿）而好"（《战国策·赵策》）这样的话。后来，"子"则主要指男性了，这是因为有时在"子"的前面冠以"男""女"做性别的区分。如上面说的《斯干》那首诗中既有"乃生女子"的话，也有"乃生男子"这样的话。后来"女子"的说法流行开来，势力越来越大，逐渐占据了"子"的女性那一半地盘。和女子一词共同占领这一地盘的还有"女"这个词。"女"原来指女性，包括已嫁的和未嫁的。《诗·郑风·出其东门》："出其东门，有女如云。"又特指女儿。《孟子·万章上》："妻帝之二女，而不足以解忧。"《长恨歌》："杨家有女初长成。"后来，又出现了女儿这样的双音

---

① 从理论上推论，屋瓦也可称为"瓦瓦"。

词。《孔雀东南飞》："昔作女儿时，生小出野里。"这样，"子"的女性这一半地盘内至少有三个词占据着：女、女子、女儿。"子"就一步步从女性这一半地盘后撤，局限于男性那一半地盘了。就是男性那一半地盘也没有被"子"独占，因为除了"子"外，还有"男、男子、儿、儿子"这些词向着这块地盘叠加了上去。[①] 这种变化可以图示如下：

男	女
子	子

男				女		
子	男	男子	儿子	女	女子	女儿

以上举的两个例子，从结果看就是我们所说的词义范围的缩小。

雏，本指鸟的幼子。《礼记·内则》："雏，尾不盈握，弗食。"动物的幼子也称雏。又《内则》："不食雏鳖。"人的幼子也称雏。杜甫《彭衙行》："众雏烂熳睡。"（烂熳，指睡得很香的样子。）鸟兽同类，连类而及，故雏由鸟之幼子又转指兽的幼子。指幼儿是一种比喻的说法。雏的词义扩大后，只是挤进了"人家"（兽之幼子、人之幼子）的地盘，但没有将那块地盘中原有的词挤出去，这和上面所举的例子有所不同。

"短"这个词，古今的基本意思都是长度小，不过在古代又可指人的个子矮。《荀子·非相》："帝尧长，帝舜短。文王长，周公短。"现在人的个子既不说短，也不说长。"短"还可以指

---

① 《说文》："儿，孺子也。"后又特指儿子。《木兰诗》："阿爷无大儿，木兰无长兄。"

人的才智低下。《世说新语·言语》："臣诚庸短，亦由陛下纲目（指法网）不疏。"现在讲才智也不说短了，说低、不高；讲个子说低、矮（不过衣服还可以说短：短裤、短袖衫）。"短"这个词的意义受到低、矮这些词的排斥。"低""矮"这两个词《说文》没有收，可能是后起的，但后来的势力很大，成了表示高度小的主要的词。文献中还有"短矮"的说法，表明了从短向矮的过渡。明杨文奎《儿女团圆》二折："则他生的短矮也，那蠢坌（bèn）身材。"

殷孟伦先生在《"闻"的词义问题》一文中对"闻"的词义发展做过细致的分析，[①] 是词排斥的一个典型例子。"闻"的本义是"知声"，指声音传到耳朵里来（如果主动地去接收声音，那就是听）。表示用鼻子嗅的意义，较早的时候有两个词：一般用臭，对鬼神则用歆（xīn）。《诗·大雅·生民》里讲："（祭祀时）其香始升，上帝居歆。""臭"如果做名词用，就是气味的意思。"闻"是声音作用于人的听觉器官，"臭"是气味作用于人的嗅觉器官，二者有相通处，这样"闻"的词义发生转移，也就有了"臭"的意思。但开始一个时期也还是表示被动地闻到（气味），据殷先生的文章，大约是在宋代以后，词义进一步扩大，才表示主动地闻（所谓"以鼻就臭"），而原来用于通语（古代普通话）中的嗅，到后来则被排挤到方言中去了。这种关系的变化可以图示如下：

---

① 《中国语文》，1962年11月号。

声 音		气 味	
主动	被动	主动	被动
听	闻	臭（嗅）	臭（嗅）
听	听到	闻	闻到

　　一些词的退却也可以形成新的互补关系。堤、防、坝、堰都表示拦河的土石建筑。坝和堰出现得要晚一些，堤、防要早。《说文》："防，堤也。"《管子·度地》："大者为之堤，小者为之防。"《左传·襄公二十六年》："初，宋芮司徒生女子，赤而毛，弃诸堤下。"《周礼·地官·稻人》："以防止水。"后来，防主要用作动词，防止，防范。防退却之后，它用作名词的地盘堤就占据了（在"堤防"一词中防做语素用）。

　　迟，本指速度慢。《诗·邶风·谷风》："行道迟迟。"由迟缓引申为迟钝，不灵敏。《汉书·杜周传》："周少言，重迟。"转指时间运行缓慢。《诗·豳风·七月》："春日迟迟。"由此引申为时间晚。《战国策·楚策》："亡羊补牢，未为迟也。"在古代，"迟"的反义词是"速"，同义词是"慢"。《诗·郑风·大叔于田》："叔马慢忌（忌，语助词）。"后来，在速度不快这个意义上，"慢"排斥了"迟"，取得了主导地位。其中的原因，是因为"迟"产生了一系列引申义，其中时间晚成了"迟"的主要意义，表示速度的意义一般用作语素：迟缓、迟迟不去。而"慢"在速度这个意义上没有产生什么引申义，占领"迟"留下的空位就是很自然的了。

结　语

上面我们讨论了词义变化的一些情况，这几种情况在词汇流变的长河中所处的地位并不一样，其中特别值得注意的是词义的减少，这是我们阅读古书时碰到的一个极大的障碍。当一个又一个已经消失的陌生的词义呈现在我们眼前时，我们往往会感到大惑不解。虽然我们前面也谈到有一些词的意义古今变化不大，但那只是一少部分，它们的义项一般都比较少，而且直接引申的情况比较多，掌握起来不太困难。请看下面的例子。

春，在古代有下面一些意义：

（1）捣去谷物的皮壳。《诗·大雅·生民》："或春或揄。"

（2）捣击。《史记·鲁周公世家》："富父终甥（人名）春其喉以戈，杀之。"

（3）古代被役使春谷的女奴。《墨子·天志下》："妇人以为春、酉（酿酒的女奴）。"

（4）汉代的一种刑罚，强迫女犯人春米。《汉书·惠帝纪》："有罪当刑，及当为城旦、春者。"

以上列举的四个意义，减少了三个，现在只剩下了第一个意义。这是比较简单的，再看一个复杂点的例子，如"处"（chǔ）：

（1）居住。《易·系辞下》："上古穴居而野处。"

（2）坐。《诗·小雅·采薇》："不遑（无闲暇）启（跪）处。"

（3）安置，处于。班固《答宾戏》："处身行道，辅世成名。"

（4）止，停留。《孙子·军争》："是故卷甲而趋，日夜不处。"

（5）隐退。《易·系辞下》："君子之道，或出或处。"

（6）女子未出嫁。《庄子·逍遥游》："肌肤若冰雪，绰约（柔美）若处子。"

（7）处置，判断。《汉书·师丹传》："议罪处罚，国之所慎。"

（8）对待。《礼记·檀弓下》："何以处我？"

（9）常，定准。《吕氏春秋·诬徒》："喜怒无处。"

以上的（2）、（4）、（5）、（9）义已基本不用。其他几个意义，虽有使用也都是作为语素保留在复音词或成语中（实际上是古语的遗留），如穴居野处、立身处世、处女、处理、处罚、处分、相处等。

如果只是笼统地讲词义减少，那还是不够的，还要进一步考察哪些词义减少了。大致说来有两种情况：第一种是本义留用，引申义减少了，如上面讲到的"春"。再比如"唇"，指嘴唇。古代"唇"还有边缘的意思，今已不用。《梦溪笔谈·技艺》："用胶泥刻字，薄如钱唇。"齿，指牙齿。古代又指年龄。柳宗元《捕蛇者说》："退而甘食其土之有，以尽吾齿。"又指排列。《吕氏春秋·尊师》："天子入太学祭先圣，则齿尝为师者弗臣。"意思是与尝为师者并列而不作为臣子看待。又指录用。《北史·李谔传》："则摈落私门，不加收齿。"又指碰触。汉枚乘《上书谏吴王》："譬犹蝇蚋之附群牛，腐肉之齿利剑。"以上几个引申义现在都不用了。

第二种情况是有些词的引申义还在用，本义不再用了。上面谈到"处"，《说文》解释为"止"，金文字形像人戴着皮冠坐在几上。如果止息是"处"的本义，那么这个本义后来就不用了。再比如"掉"，本指摇动。《左传·昭公十一年》："末大必折，尾大不掉。"由此引申为摆转、回转，如掉头、掉过身子。蹈，原指踏、踩。《书·君牙》："心之忧危，若蹈虎尾。"

成语有赴汤蹈火。后来舞蹈的意思由此引申而来。粲，本指上等白米。《诗·郑风·缁衣》："予授子之粲兮。"后引申为鲜明有光彩，双音词有粲烂，引申义保留在语素中，本义消失。

三　词义关系面面观

（一）词的同义关系

1. 同义关系及其确定

一个孩子说："我的作业写好了。"另一个孩子说："我的作业写完了。"不必做深入分析，咱们凭语感就知道这里"好"和"完"的意思一样。在语言研究中，咱们就说"好"和"完"有同义关系，它们在完了的意义上是一对同义词。

至今还没能给同义词下一个简单而明确的定义。一般认为，如果甲词的某一意义和乙词的某一意义基本相同，那么就可以把这两个词（也有两个以上的）看成同义词。我们在前面分析词义构成的时候，把词的意义分作理性意义和附属意义两类，这里说的意义基本相同是指理性意义而言。

确定词的同义关系，有几点需要注意：

（1）上面讲甲词的某一意义和乙词的某一意义基本相同，这句话告诉咱们，讨论同义关系要以词的意义为单位，不能笼统地以词为单位。还拿"好"这个词来说：

例句	意义	同义词
好$_1$：作业写好了	结束，完成	完
好$_2$：作业好写	容易	易、容易
好$_3$：作业写得好	达到标准，使人满意	出色

"好"在以上三个意义上至少有三个不同的同义词。古代汉语里的词也是如此。

比如逃，指逃跑。《穀梁传·定公四年》："昭王之军败而逃。"在这个意义上"逃"的同义词是"逋"和"亡"。《书·费誓》："臣妾逋逃。"《左传·宣公二年》："亡不越竟（境），反（返）不讨贼。""逃"由逃跑引申为逃避、避开。《左传·昭公七年》："苟得容以逃死，何位之敢择？"在这个意义上，"逃"的同义词是避、违、逭（huàn）。陶渊明《桃花源记》："先世避秦时乱，率妻子邑人来此绝境。"《左传·庄公四年》："纪侯大去其国，违齐难也。"《书·太甲中》："天作孽，犹可违；自作孽，不可逭。""逃"的同义关系可以总结如下：

逃$_1$：逃跑——逋、亡
逃$_2$：避开——避、违、逭

（2）确定词与词之间的同义关系也要注意分清字与词的界限。

比如在古汉语中琱、彫、琢是一组同义词。《说文》："琱，治玉也。"《汉书·王吉传》："古者工不造琱瑑（zhuàn，玉器上的花纹）。"又《说文》："彤，琢文也。"指雕琢图案花纹。《荀子·大略》："天子彤弓。"又《说文》："琢，治玉也。"《诗·卫风·淇奥》："如切如磋，如琢如磨。"在古书中，雕刻的意思又写作"雕"，那么能不能让"雕"也加入这一组同义词中去呢？不能。因为"雕"做雕饰讲是一种假借义（本应写作"彤"或"琱"），它并没有记录另外一个新词。

再比如说"疾"，有的研究者认为，"疾"有病的意思，和病是同义词，"疾"又有快的意思，和快、捷、速是同义词。[①] 我们认为，把前一个"疾"和后一个"疾"看作两个词比较妥当，也就是说这是一个字记录了两个不同的词。[②]

（3）甲词的某一意义与乙词的某一意义基本相同，是说这一意义的核心部分必须相同。

如上所说，在逃跑这个意义上"逋"和"逃"是一对同义词，但我们不应认为"逃"和"走"也是一对同义词，尽管在古汉语中"走"是跑的意思。也许有人要问，在"齐桓公北伐山戎，山戎走"（《史记·匈奴列传》）这句话里，"走"不是逃跑的意思吗？是的。但这个意思是随上下文定出的，不必作为一项意义另列出。[③] 什么叫走（即现在的跑）？是"两只脚或四条腿迅速前进"（《现代汉语词典》），意义的核心是身体快速移动。什么是逃？是"为躲避不利于自己的环境或事物而离开"（《现代汉语词典》）。逃的时候不一定是跑，也可能是走或使

---

① 许威汉《汉语词汇学引论》，第126页。
② 李孝定《甲骨文字集释》卷七认为，疾速的意思甲骨文字字形从大从矢会意，像箭射中人的胸部，表示快速。
③ 《现代汉语词典》把"逃跑"列为"跑"的一个义项，和我们的看法不同，这里不能详细讨论。参阅石安石先生《语义论》，《归并语义单位的根本原则》一节。

用其他交通工具，所以我们不认为这是两个同义词。

从另一方面看，我们讲的同义词只是基本相同，并不是完全相同。如果两个词的理性意义和附加意义完全相同，那就成了人们说的等义词，如平板车／三轮车、维他命／维生素等。这样的词为数不多，不是我们讨论的重点。

善于运用同义词是增强语言表达力的重要手段之一，它能将同类事物之间种种细微的差别显现出来，所以我们无论是写作还是阅读都应该学会辨析同义词，不过这是一件很细致的工作，需要做深入的研究。

比如同义词之间有情感色彩的不同。《论语·阳货》里讲："古之狂也肆，今之狂也荡。"古人解释说"肆"是"极意敢言"，"荡"是"荡无所据"，这就是褒贬色彩的不同。

"视"和"见"是一对同义词，不过"视"侧重指看的行为，"见"侧重指一种结果（看到）。《易·艮》："行其庭，不见其人。"《说文》："见，视也。"段玉裁注说："析言之，有视而不见者，听而不闻者；浑言之，则视与见、闻与听一也。"前面提到"听"与"闻"，"听"偏指行为；"闻"指声音"传达"到耳中，也是侧重指结果。《礼记·大学》："心不在焉，视而不见，听而不闻。"

有时文字的合并妨碍了我们对同义词的辨析，"并"和"並"，都有在一起的意思。並，指合并为一。《汉书·艺文志》："凡五十五章，並为《仓颉篇》。"并，指并列，比并。《礼记·中庸》："万物并育而不相害，道并行而不相悖。"现在这两个词都写作"并"，实际上记录的是一对同义词。

词义的变化有时也妨碍我们对同义词的分析。牲和畜，我们今天说起来好像没有什么区别。《周礼·天官·庖人》："庖人掌共（供）六畜、六兽、六禽。"汉郑玄注："始养之曰畜，将用之曰牲。""牲"指牲畜宰杀以后供祭祀使用。又《地官·廪人》："凡邦有会同师役之事，则治其粮，与其食。"郑玄注："行道曰粮，谓糒（bèi）也。止居曰食，谓米也。"如果分开讲的话，"粮"指远行时便于携带的干粮，与今天说的粮有所不同。

2. 同义关系的变化

同义词之间的差异细微而复杂，难以备述。从词汇发展的角度看，同义关系的古今变化尤其值得我们注意。当然，有一些同义关系从古到今没有什么大的变化。比如茂和盛。《诗·小雅·斯干》："如松茂矣。"《庄子·山木》："见大木枝叶盛茂。"再比如悲和伤，尘和埃。《诗·豳风·七月》："女心伤悲，殆及公子同归。"李白《古风》："大车扬飞尘。"白居易《长恨歌》："黄埃散漫风萧索。"

对于那些发生变化的同义关系，至少有以下几种情况值得引起我们的注意：

（1）一组词过去有同义关系，现在没有了。

植、艺、树、种这几个词过去都有种植的意思。《战国策·燕策》："植于汶篁（huáng）。"汶，水名。篁，竹田。《诗·齐风·南山》："艺麻如之何?"《孟子·梁惠王上》："五亩之宅，树之以桑。"又《孟子·滕文公上》："许子（人名）必种粟而后食乎?"在现代汉语中，艺、树不再和种、植构成同义关系了。

"急"在过去有（拉）紧的意思，可以和"紧"构成同义关系。傅毅《舞赋》："弛紧急之弦张兮。"刘向《新序》："夫政，犹张琴瑟也，大弦急，则小弦绝矣。"

《说文》："阻，险也。""险"和"阻"原都有路不平、难走的意思。《周礼·夏官·司险》:"以周知其山林川泽之阻。"《左传·成公二年》:"苟有险,余必下推车。"

"周"和"比"过去有同义关系。《论语·为政》:"君子周而不比,小人比而不周。""周"和"比"都是结合的意思,"周"有褒义,"比"含贬义。

后来,这几种同义关系都没有了。

原来的几个同义词后来所以不再构成同义关系,是因为其中的一个或几个词失去了"共有"的意义,丧失了构成同义关系的条件。上述例子中,树、艺失去了种植的意义,急失去了紧(拉紧、绷紧)的意义。险和阻,除了在险阻这样的双音词中还保留原义,在现代汉语中,"险"主要指危险,"阻"主要指阻挡,意义关系发生了变化。

(2)一组词,原来没有同义关系,后来成了同义词。

最典型的是"穷"这个词。"穷"本指尽头,到了尽头。《楚辞·九歌·云中君》:"横四海兮焉穷?"引申主要指在社会生活中、在政治上无出路。《孟子·尽心上》:"穷不失义。"所以它和贫并不构成同义关系。进而引申,指在经济生活中无出路,困窘,这样和贫才构成同义关系(但词义仍有别)。《左传·文公十八年》:"不分孤寡,不恤穷匮。"

《说文》:"煎,熬也。"又:"熬,干煎也。"《方言》卷七:"熬、聚、煎、僬、巩,火干也。"熬和煎有同义关系,指把米、麦等烤干,炒干。《书·费誓》:"峙(储备)乃糗(qiǔ)粮。"郑玄注:"糗,捣熬谷也。"《淮南子·本经训》:"煎熬焚炙。"后"熬"转指煮,就和煮构成了同义词。《新唐书·摩揭陀传》:"太宗遣使取熬糖法。"

涩,原指一种不爽滑的滋味。唐李咸用《和吴处士题村叟壁》："秋果楂梨涩。"转指说话不流利。这样就和讷构成同义关系。《北史·齐本纪下》："而言语涩讷，无志度，不喜见朝士。"

(3)同义词的减少。这是说构成同义的一组词中有的还在，有的到后来消亡或很少用了。

炊和爨（cuàn），原是一对同义词，指烧火做饭。《孟子·滕文公上》："许子（指许行）以釜甑爨，以铁耕乎？"后来用炊不再用爨。

严和尊，原来都有尊敬的意义。《孝经·圣治章》："孝莫大于严父。"在这个意义上后来用尊不用严。

贫和窭（jù），都指贫乏，是同义词。《诗·邶风·北门》："终窭且贫，莫知我艰。"后用贫，用穷，不用窭。

垂和亸（duǒ）是一对同义词，指下垂。唐岑参《送郭乂（yì）杂言》："朝歌城边柳亸地。"后用垂不用亸。

尽和殚（dān）是一对同义词，指尽，用完。《汉书·杜钦传》："殚天下之财。"后用尽不用殚。

同义词减少的原因主要有两个：一是有的词已经消亡（文言格式的残存或仿用不算），如上面讲到的爨、亸、殚这些词。另一种原因是词还在，但词义发生了变化（包括词义的减少）。如前面谈到的树和艺，在现代汉语中，"树"指树木、树立，"艺"指技艺、文艺。再比如末、标、杪（miǎo）这三个词，原来都指树的末端（《说文》）。《左传·昭公十一年》："末大必折。"陆机《感时赋》："猿长啸于林杪。"《管子·霸言》："大本而小标。"在现代汉语中，树的末端称树梢。作为一个词（不是语素），"末"主要指终了、末了，"标"指标明，"杪"则不再用了。

同义词的减少是一种十分突出的语言现象，应当引起我们的注意。

3. 古人对同义关系的辨析——析言和浑言

前面提到，"粮"和"食"这两个词在有的上下文中有所区别："行道曰粮"，"止居曰食"。旧《辞海》解释说："此析言之。"有的时候粮、食放在一起没有什么区别。《左传·襄公八年》："楚师辽远，粮食将尽。"旧《辞海》说："此浑言之。"《说文》里又讲："粮，谷食也。"那么粮和食到底有没有区别呢？段玉裁解释说："许云谷食，则兼居者行者言。'粮'本是统名，故不为分析也。"段玉裁和旧《辞海》的意思是说，如果分开来讲的话，"粮"和"食"有"行者"和"居者"的区别；如果不加区别地讲，"粮"也就是"食"。前者叫析言（又称"对文"），后者叫浑言（又称"散文"）。

析言和浑言是古代的语文学家在辨析同义词时常用的两个术语，我们应当有所了解。有些同义词的差别细微，或者由于历史的变化，现在我们已经看不出或不大留意它们的区别了，因此对古人的分析我们就应当更加注意。

下面是段玉裁给《说文解字》作注时举到的一些例子：

《牙部》："牙，牡齿也。"（段注改作"壮齿"。）段注："壮齿者，齿之大者也。统言之皆称齿称牙。析言之则前当唇者称齿，后在辅车者称牙。牙较大于齿。"

《刀部》："刻，镂也。"段注："《释器》曰：'金谓之镂，木谓之刻。'此析言之，统言则刻亦镂也。"

《夕部》："夕，莫（暮）也。"又："夜，舍也。天下休舍。"段注："休舍犹休息也。……夜与夕浑言不别，析言则殊。《小雅》：'莫肯夙夜''莫肯朝夕'，'朝夕'犹'夙夜'也。"

《行部》："行，人之步趋也。"段注："步，行也；趋，走也。二者一徐一疾，皆谓之行，统言之也。"又《走部》："走，趋也。"段注："《释名》曰：'徐行曰步，疾行曰趋，疾趋曰走。'此析言之，许浑言不别也。"

段玉裁认为，这几组同义词的区别在于："牙"指大牙（臼齿），"齿"指门牙。雕刻金属叫"镂"，刻木叫"刻"。"夕"指"日且冥而月且生"（即傍晚日落月上时分），"夜"指黑夜人们休息的那一段时间。"步"是走，"趋"是快走。

段的分析不无道理。"牙"和"齿"，成语讲"唇亡齿寒"（《左传·僖公五年》），熟语讲"笑不露齿"，"齿"都不能改成"牙"。刻和镂，《荀子·劝学》："锲而不舍，金石可镂。"不说"金石可刻"。成语有"刻舟求剑"（《吕氏春秋·察今》），不说"镂舟求剑"。"夕"和"夜"，平时讲朝夕、旦夕，"夕"不能改成"夜"。平时讲昼夜、日夜，"夜"也不能改成"夕"。"步"和"趋"，《庄子·田子方》："夫子步亦步，夫子趋亦趋。""步"和"趋"不能互换。

在上引的例子中，段玉裁有几处用到"统言"，这是什么意思呢？"牙"和"齿"，一前一后，不存在"上下级"关系。如果不加区别的话，称"牙"也可以，称"齿"也可以，这就是"统言之皆称齿称牙"。"刻"和"镂"也是如此。最后一例也用到统言，但牵涉到四个词：行、步、趋、走。这几个词的关系是：

$$
\begin{cases} 行（步、趋皆谓之行）\\ 走（疾趋）\end{cases}
\qquad
\begin{cases} 步（徐行）\\ 趋（疾行）\end{cases}
$$

可以看出，"步""趋"是"行"的分类，是"行"的"下级"，"行"是它们的"上级"。①

"夕"和"夜"又是一种情况。通常把一天24小时分作两段："昼"和"夜"。②那么"夕"算是哪一段？照约定俗成的理解，它算夜那一段，专指天刚黑下来的那一段时间（与朝、旦构成反义关系），所以"夕"和"夜"是局部和整体的关系。

从词汇变化的角度看，第一，牙、刻、夜、走、步都还作为一个词继续被使用，而它们的同义词齿、镂、夕、行（"行不行"的"行"应看作另外一个词）、趋在现代汉语中都成了语素。第二，就保留下来的几个词看，情况也不一样，可以分为三类：

夜的词义始终没有什么变化。

"牙"和"刻"，由于与之相配的同义词"下降了一级"（由词变成了语素），这两个词相应地便"上升了一级"，也就是说，"牙"不再专指臼齿，而是指整个牙齿，"刻"不再只指刻木，雕刻各种质料都可以称为刻。③

"走"和"步"，这两个词的词义都发生了变化。"走"代替了"行"和"步"，"步"由动词改用作量词。

---

① 古代语文学家在使用浑言和析言这样的术语时也指"上下级"关系。参《说文》"器"字段注。
② 参阅下面一节《词的反义关系与反训》。
③ 如刻图章、石刻。但"玉雕""微雕"不说"玉刻""微刻"。

（二）词的反义关系与反训

1. 词的反义关系

与同义关系一样，反义关系也是从意义的角度研究词与词的关系。世间的一些事物，有相同相似的一面，需要用同义词去反映人们对它们的认识；另有一些事物，有相反相对的一面，就需要用反义词去反映人们对它们的认识。对这种关系的认识从古到今不是一成不变的，即使认识没有什么变化，用的词也不完全一样，所以研究词汇的发展，也需要注意词的反义关系。

反义关系的"反"是个笼统的说法。一般认为，下面三种情况都可以归入反义词的范围。①

（1）互补关系。如男／女、雌／雄、存／亡、昼／夜、阴／阳、有／无、盈／亏（指月亮）、异／同等。互补关系的特点是非此即彼，不存在第三者，不存在中间状态。

（2）两极关系。如高／低、穷／富、大／小、胖／瘦、宽／窄、优／劣等。两极关系实际上是一种量的关系，所以有中间状态，如不高不低、不大不小什么的。不过值得注意的是很多这样的中间状态并没有专门的词去表示，如不穷不富、不胖不瘦、不宽不窄。

（3）相对关系（又称反向关系）。如买／卖、胜／败、抑／扬、主／客、丈夫／妻子等。这种关系有第三种状态存

---

① 参徐烈炯《语义学》之《结构语义学》《语义特点和语义关系》两节，语文出版社。

在，如既不买也不卖，既非妻也非夫，但并非是数量上的中间状态。这种关系的特点是甲词的意义以乙词为条件，如没有卖就无所谓买，没有夫就无所谓妻。

以上讨论的是反义关系的"反"，下面再讨论反义关系的"义"。如果遇到的是单义词，问题自然就简单多了；如果是一个多义词，那么分析反义关系就应当以意义为单位。如果笼统地以词为单位，问题就扯不清了。比如说"低"这个词，如果讲高度，它的反义词是高（低个子／高个子）；如果讲动作，它的反义词就是仰（古时又说昂。头低下去／头仰起来）。这样，一个"低"就有两个反义词，这是因为低有两个基本意义：

低₁：就高度言 ⟷ 高

低₂：就动作言 ⟷ 仰（昂）

古代汉语中的反义关系同样有这种情况，比如"古"：

（1）指古代的，反义词是今。《韩非子·五蠹》："夫古今异俗，新故异备。"

（2）历时久远的，反义词是新。韩偓《题怀素草书》诗："怪石奔秋涧，寒藤挂古松。"杜甫《将赴成都草堂途中有作先寄严郑公》五首之四："新松恨不高千尺，恶竹应须斩万竿。"

有时候，一个词在同一个意义上也可以有两个甚至两个以上的反义词。比如"多"表示数量时，其反义词或是少，或是寡。《管子·七法》："刚柔也，轻重也，大小也，实虚也，远近也，多少也，谓之计数。"《孟子·滕文公上》："五谷多寡同，则贾（价）相若。""高"表示高度，其反义词或是低，或是下。杜甫《寒食》："寒食江村路，风花高下飞。"唐许浑《金陵怀古》："松楸远近千官冢，禾黍高低六代宫。"

前面说过，词的意义体现了人对事物的一种认识，词义并不等于事物本身，所以咱们确定词的反义关系，要从词义出发而不能从事物出发。《墨子·公孟》里讲："贫富寿夭，龃（zé）然（凿然、确然）在天，不可损益。"寿夭是一对反义词，属于上面讲的两极关系。有人要问，什么时候死了才叫夭呢？如果少年时死去算夭，那么青年时死去算不算夭呢？这样一问，寿也成了问题。《孟子》里讲"七十者可以食肉"，杜甫讲"人生七十古来稀"，今天看来七十也不算长寿，那么到底多大年岁才算两极中的另一极呢？这实际上是在分析词所指称的对象而不是在分析词义。就词义讲，寿是长命，夭是早死，所以构成反义关系。寿夭不是讲的一种实际年龄的数学计算和划分，何况语言还有模糊性，有时很难划得清。又比如《尹文子》里讲："形而不名，未必失其方圆白黑之实。"方和圆构成反义关系。如果有人说，圆的反面是不圆，不圆就一定是方吗？难道不能是三角形吗？这样提出问题也是从词所指称的事物出发而不是从词义出发。如果从实际事物出发，不圆固然不一定是方；如果从词义出发，这里的"方"就有不圆的意思在内，它就是"圆"的反义词。

2. 反义关系的变化

翻开古书，就会发现有大量的反义词存在，古人用来表达一些相互对立的概念。下面是《老子》中的两段话：

> 天下皆知美之为美，斯恶矣；皆知善之为善，斯不善矣。故有无相生，难易相成，长短相形，高

下相倾，音声相和，前后相随。（2章）

将欲歙（xī，收）之，必固张之；将欲弱之，必固强之；将欲废之，必固兴之；将欲夺之，必固与之。（36章）

如果从词汇发展的角度看反义词，至少有以下三个方面的变化应当引起我们的注意：

第一，反义词中一方未变，另一方变了。

上引《老子》第2章里有"高下"一词，这个意思我们现在要说"高低"。"低"这个词刚出现时常做动词用。《庄子·盗跖》："据轼低头，不能出气。"汉杨恽《报孙会宗书》："奋袖低昂。"《论衡·变动》："故谷价低昂，一贵一贱矣。"以后又表示高度。这种变化是：

古   今①
下 ←→ 高 ←→ 低

现在我们讲"真伪"是一对反义词，古人常说"情伪"。《左传·僖公二十八年》："晋侯在外十九年矣……险阻艰难，备尝之矣；民之情伪，尽知之矣。""情"指实情，本然情况，所以古书中有"万物之情"（《荀子·天论》）的说法。

在现代汉语中，"穷"和"富"是一对反义词，但在古代汉语中，可以说贫富，但不说穷富。②《论语·学而》："未若贫

---

① 这里说的"古今"是一个相对的概念，"今"不一定限指现代汉语。
② 参阅《同义关系的变化》一节。

而乐、富而好礼者也。"古人说穷是指困窘没有出路，常指人政治上的际遇而言，相对的意思是显达，所以穷的反义词是达和通，而不是富。《孟子·尽心上》："穷则独善其身，达则兼济天下。"《庄子·让王》："古之得道者，穷亦乐，通亦乐。"后引申指经济方面的困窘，那就是贫穷了。这种变化的关系是：

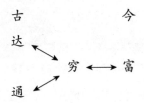

由上面的例子还可以看出，之所以会发生这样的变化，是因为反义词的一方意义发生了变化。"高下"中的"下"，在过去既表示"方位"（下面），又有"低下"（高度）的意思。后来"低下"的意义主要用"低"表示（下面的意义仍然保留），"高下"就成了"高低"。对"下"这个词来讲，这是词义的减少。

第二，某个词的反义词原来有几个，后来有的不用了，这是反义词数量的减少。

刚刚讲到"高"的反义词是"下"，前面也曾说过"低"也是"高"的反义词（举唐诗为例）。不过"低"表示"低矮"这一意义出现得要晚一些，如果我们不考虑这种时间的因素，那么古代"高"就有两个反义词（下、低），现在常用的就剩下一个"低"了。前面提到的多寡、多少也是这样。

再比如"美"这个词，在《老子》第2章里讲到"美"和"恶"。在古代，"美"的反义词还有"丑"。《淮南子·俶真训》：

"则丑美有间矣。"现在常用的是美丑。

上举《老子》第36章中"兴"和"废"构成一对反义词，在古代"兴"的反义词还有"亡"和"衰"。《书·太甲下》："与治同道罔（无）不兴，与乱同事罔不亡。"《史记·太史公自序》："列往世兴衰。"现在"废"这个词不怎么用了。

《老子》第36章中的另一对反义词是"夺"和"与"。古代"与"的反义词还有"取"。《荀子·富国》："其于货财取与计数也，须孰（熟）尽察。"现在"夺"这个词已不怎么作为反义词同"与"搭配使用，"与"也经常做语素使用了。

我们现在看到古代有的词有好几个反义词，有时是因为这几个词并不是同一时期产生的（如"下"和"低"）。如果是这样的话，就应当把时间的先后分清楚。不过有时一组词时间的先后往往难以确定，如"丑"与"恶"、"废"与"亡"和"衰"。

第三，原来构成反义关系的双方现在都发生了变化。

《世说新语·文学》："江左殷太常（殷融）父子并能言理，亦有辩讷之异。""辩"在古代有口才敏捷、善于言辞的意思。《韩非子·难言》："捷敏辩给，繁于文彩。"孔子的学生子贡很会说话，被称为"辩人"。讷，指不善言辞。《史记·李将军列传》："（李）广讷口少言。"所以"辩""讷"可以构成一对反义词。现在，"辩"主要指辩论，"讷"这个词用得已经很少了，反义双方都发生了变化。

《史记·陈丞相世家》："今大王慢而少礼，士廉节者不来，然大王能饶人以爵邑，士之顽钝嗜利无耻者亦多归汉。""廉"本指堂的侧边，引申指人品方正不苟，有廉隅。① "钝"指无

---

① 《集解》引如淳曰："（顽钝）犹无廉隅。"

棱角，无节操，"廉钝"构成反义关系。现代汉语中虽然也有"廉洁"（和"廉节"尚有区别）的说法，但也不能和"钝"构成反义词。

白居易《庐山草堂记》："广袤丰杀，一称心力。"是说建起来的草堂大小与自己的心意相合，与自己的财力相称。这里"丰"是宽大，"杀"是窄小。"丰"的繁体写作"豐"，现代汉语中指多、丰盛、宽大的意思，用得不多。"杀"读作 shài，在古代是减损的意思，这个词在现代汉语中已不用了。

从上面列举的几种情况可以看出，一些反义词之所以会有种种的变化，归根到底是因为词义发生了变化：或是词义范围有了大小的不同，或是词的意义有所减少。这一节开头咱们说过，讨论反义词要从义项出发，不能笼统地以词为单位，一些反义词的变化进一步说明了这种看法。

贾谊《新书·道术》里讲："接遇慎容谓之恭，反恭为媟（xiè，不恭）。接遇肃正谓之敬，反敬为嫚（màn，轻侮）。言行抱一谓之贞，反贞为伪。期果言当谓之信，反信为慢……据当不倾谓之平，反平为险。行善决衷谓之清，反清为浊。辞利刻谦谓之廉，反廉为贪。兼覆无私谓之公，反公为私。方直不曲谓之正，反正为邪……"古人的这些话虽然是在说明一种观念，但对我们今天从语言学角度去理解反义词还是很有帮助的，读书时应当随时留意。

3. 反训

古代有一部很重要的讲词义的书叫作《尔雅》，晋代学者郭璞在给《尔雅》作注时提出一个很有趣的现象，叫作"美恶不嫌同名"，照现在的话讲，就是一个词可以有相反的两种意思。比如：

> 《尔雅·释诂》："治、肆、古，故也。"又："肆、故，
> 今也。"郭璞注："肆既为故，又为今；今亦为故，故
> 亦为今，此义相反而兼通者。"

他的意思是讲："肆"既有"故"的意思，又有"今"的意思，"故"也同时兼有"故"和"今"两个相反的意思。由于一个词兼有两个相反的意义，人们就把这种现象称作"反训"（"训"是训释词义）。这种提法对后来词义的研究产生了一定的影响，不少学者对此都发表过意见，有的又称之为"美恶同辞"（俞樾《古书疑义举例》卷三）。

郭璞的意见对不对呢？就上面举的那个例子看是有问题的。单从字面上看，"肆"既做"故"讲，又做"今"讲，意义相反，但实际上有两个"故"：有表示时间的"故"（故旧），有用作连词的"故"（所以），一个"故"字记录了两个不同的词。《尔雅·释诂》里讲的"肆"是做连词（所以）用的，意思相当于连词的"故"。① 同样，"今"也有表示时间的"今"（现今）和用作连词的"今"（所以），② "肆"的意思相当于用作连词的"今"。这样看来，这里的"肆"只做连词用，和表示时间的古今没有关系。郭璞的问题在于没有划清字和词的界限。

古人说话简略，有含糊之处，在分析问题时又出了一些错儿，这样后人对"反训"就产生了一些不同的看法，③ 比如反

---

① 《尚书·无逸》："治民祗惧，不敢荒宁，肆中宗之享国七十有五年。"
② 有的研究者举的例子是《尚书·汤誓》："夏德若兹，今朕必往。"
③ 参杨荣祥《反训研究综述》，《中国语文通讯》1988年第5期。

训到底是不是一个科学的术语？怎样准确地理解这个术语？这里牵涉的问题比较多，不能做过多的讨论。我们觉得反训实际上是一种词汇（主要是词义）现象，它是指同一个词同时具有相反或相对的两个意义。所谓"同一个词"，首先就要把字与词区别开来，不要再犯郭璞那样的错误。所谓"同时"，是说有的词也许有相反的两个意义，但并不是同一个时期产生的，这就需要分清先后，说明情况。不过古汉语中很多词义难以判断产生的前后时间，也就只好算作同时了。

依照上面给反训确定的这样一个范围来看，我们常遇到的反训有以下几种情况：

（1）去取关系。如果我们听到"老王借小李一本书"这样一句话，我们就一时难以明白这本书到底是谁借谁的，因为"借"这个词既有借出的意思，又有借入的意思，借出和借入就是一种去取关系。古代汉语的例子如：

货 《玉篇》："货，卖也。"《南史·萧嶷传》："武帝敕货杂物服饰得数百万。"又作买讲。《宋史·食货志下》："请自今所货，岁约毋过二百万缗。"

贷 《广雅·释诂二》："贷，借也。"或为出。《左传·昭公三年》："以家量（量器）贷而以公量收之。"或为入。《史记·主父偃列传》："家贫，假贷无所得。"

赋 《说文》："赋，敛也。"指收入。《孟子·离娄上》："赋粟倍他日。"又指分给、授予。《韩非子·外储说右上》："于是为十玉珥而美其一而献之，王以赋十孺子。"段玉裁说："敛之曰赋，班之亦曰赋。"

去取关系的特点是物从一方转入另一方，对甲方是去，对乙方就是取，一方的失去意味着另一方的获取。纳，基本意思是收进、接纳。《诗·豳风·七月》："十月纳禾稼。"同一首诗中又说："二之日凿冰冲冲，三之日纳于凌阴（地窖）。"这一句中的"纳"，可以解释为把凿下的冰放进（有所去）地窖，也可以解释为收进（有所取）地窖，其实是一回事。现在双音词有交纳、纳税。

（2）相与关系。

仇　在古书中有两个读音：qiú 和 chóu。读 qiú 指匹配同伴关系。《尔雅·释诂》："仇，匹也。"《诗·周南·兔罝》："赳赳武夫，公侯好仇。"读 chóu，指仇敌。段玉裁在分析"仇"有相反两义时说："仇为怨匹，亦为嘉偶。"双方相与（在一起），其关系从对立的角度说为"怨匹"，从和谐相伴的角度看就是"嘉偶"了。

贰　有主从双方相对待的关系。由双方不为一引申为背离。《左传·襄公二十四年》："夫诸侯之贿（财物）聚于公室，则诸侯贰。"由双方相与一致引申为帮助。韩愈《蓝田县丞厅壁记》："丞之职所以贰令（县令）。"

与　有亲附的意思。《国语·齐语》："桓公知天下诸侯多与己也。"又有对付的意思。《左传·襄公二十五年》："一与一，谁能惧我？"

分　分离，分开。《史记·秦始皇本纪》："分天下以为三十六郡。"一分为二，一件事物的两部分又有相接的意思。《三国志·吴志·吕蒙传》："与关羽分土接境，知羽骁雄，有并兼心。"

从上面的例子可以看出，相与关系就是一种分合关系。

（3）反向关系。

被　指被子。从上而言，是加被的意思。《诗·大雅·既醉》：

"其胤(后继人)维何，天被尔禄。"从下而言是蒙受的意思。《墨子·尚贤中》："万民被其利。"

冒 本指头衣，后引申用于抽象意义。从上而言是覆盖的意思。《诗·邶风·日月》："（日月）下土是冒。"从下而言是顶着、迎受的意思。《三国志·魏志·齐王纪》："越蹈重围，冒突白刃。"

奉 本义是捧。从下对上而言是恭敬地献出。《周礼·地官·大司徒》："祀五帝，奉牛牲。"上对下有所赐，则是恭敬地接受。《左传·成公十六年》："子叔婴齐（人名）奉君命无私。"

忍 有抑制的意思。《荀子·儒效》："志忍私，然后能公。"又指忍受，容受。《史记·穰侯列传》："以其（指卫国、赵国）能忍难而重出地（割让土地）也。"

（4）数量关系。

差 表差异。差异有程度的不同，做副词可表示稍微，略微。《后汉书·光武帝纪》："今军士屯田，粮储差积。"又表示过甚，颇甚。姜夔《永遇乐·次稼轩北固楼词韵》："有尊中酒差可饮，大旗尽绣熊虎。"

颇 表偏颇亦有程度的不同。做副词可表示稍微。《史记·刘敬叔孙通列传》："臣愿颇采古礼，与秦仪杂就之。"或表示过甚。《史记·陈丞相世家》："奇计或颇秘，世莫能闻也。"

裒（póu） 有聚多义。《尔雅·释诂》："裒，多也。"《诗·周颂·般》："裒时之对，时周之命。"（时，此；对，配祭。）又有减损义。《易·谦》："君子以裒多益寡。"

（5）存废关系。

放 有安放、存置义。《世说新语·任诞》注引《续晋阳秋》："（桓伊）既吹一弄，乃放笛。"如搁置不用，便是放弃。《世说新语·文学》："庾子嵩读《庄子》，开卷一尺许便放去。"

措 又作"错"，有存置义。桓宽《盐铁论·世务》："是犹措重宝于道路而莫之守也。"又有弃置义。《荀子·天论》："错人而思天，则失万物之情。"

删 有删除义。《汉书·律历志上》："删其伪辞，取正义，著于篇。"又有节取义。《史记·司马相如列传》："且非义理所尚，故删取其要，归正道而论之。"《说文》："删，剟（duō）也。"段玉裁注："凡言删剟者，有所去即有所取。"讲得很对。

（三）音义关系与词的孳乳

1. 词的音义关系与同源词

两千多年以前，思想家荀子说过一句很有名的话："名无固宜，约之以命，约定俗成谓之宜。异于约则谓之不宜。"（《荀子·正名》）这句话讲的是名称与所指（即名与实）的关系。荀子认为，名称与所指并没有固定的搭配关系，一个名称大家都这么用，成了习惯，这就是合宜；反之就是不合宜。唐代的杨倞在解释这句话时举例说："若约为天，则人皆为之天矣。"大家把上天叫作 tiān，这就是一个合宜的名称，并不是说上天这个事物非叫 tiān 不可。

所谓约定俗成，讲的是语言的社会性。就拿 tiān 来说，英国人、俄罗斯人用的就是另外的名称。这也就是说，同一样事物、同一个意义在不同的语言中可以用完全不同的音（名称）去表示。另一方面，在同一种语言中，相同的音也可以表示不同的事物、不同的意义。比如发一个 lú 的音，可能是鲈（鱼名），也可能是芦（芦苇）、庐（房舍）、炉（火炉）、颅（头盖）等。这就表明，语言中音和义的搭配是任意的，好像没什么道理可讲，事实也确实如此。

不过什么事情都要两面看，以上讲的是事情的一个方面。请看下面的例子：

《唐语林》卷六载，唐德宗时颜真卿奉命去劝喻叛乱的李希烈，颜时虽已七十五岁而壮健若中年，"立两藤倚子相背，以两手握其倚处，悬足点空，不至地者三二寸"。清陈鳣《恒言广证》卷五引北宋杨亿《谈苑》："咸平景德中，主家造檀香倚卓一副。"清钱大昕《恒言录》卷一引《朱子语类》："小南和尚少年从师参禅，一日偶靠倚而坐。"

我们一看就知道，"倚"就是后来的椅子，句子中的"卓"就是后来的桌子。那么把"桌椅"写成"卓倚"是不是写错了？不能简单地这么说，因为"桌椅"二字出现得比较晚。咱们前面讨论词义的时候说过，词义反映人们对事物特征的认识。"桌"的词义特征是什么？是高。和它形成互补关系的是比较矮的，用途也不同的椅子、凳子、杌子（小矮凳）等。"椅"的词义特征是什么？是倚，是能够倚靠，这样它才能够和高矮差不多、用处也差不多的凳子区别开来。这两个词用"卓""倚"两个字表示，正反映了它们的词义特征。这样看来，桌和卓、椅和倚在意义上就有着一层内在的联系。不仅如此，桌和卓、椅和倚读音也一样。[①] 这么说起来，意义上有联系的事物，表示它们的词在读音上也有一定的联系了；或者说有些读音相同或相近的词，它们的意义或许就存在着某种联系。前面引荀子的话，是说音义之间搭配的任意性（这是语言的根本特质之

---

① 古书中另有一个"椅"字，读 yī，是一种树，表示的是另外一个词。

一），这里是说音义之间的搭配还存在着一定的选择性，这是事情的另一个方面。

这种选择性从哪儿来的？如果从根本上讲，音和义之间并没有什么必然的联系，但到了后来，当人们给一种新事物确定名称的时候，就要考虑到这一事物的某些特征，如桌子的高，椅子的有背可倚。① 这些特征如果和已有的一些词的语义特征相类似（如卓有高的意思，倚表示倚靠），这种特征上的联系有可能（并不是说必然）影响到人们在命名新事物时对音的选择。也就是说，如果某些旧有词语的意义和新事物之间在特征上有联系，那些旧有词语的读音就有可能对新词的确定产生影响。

从理论上说，一种语言的音是极其有限的（如现代汉语有四百多个音节），而客观事物在某种意义上说是无限的，所以人们无论如何也不可能造出无限多个不同读音的词去表示那么多的事物和概念。当有限的读音已经表示了一批词语之后，其读音和一些语义特征之间就"建立"了一定的联系；当又一批新事物也要用这些有限的读音去表示的时候，如果其特征（即人对事物的认识）与旧有词义的特征相近，那么人们就有可能选取与旧有词语相同或相近的音去表示，这叫作"肖其声则传其义"②。

再看下面几个例子：

斯 / 嘶　《说文》："斯，析也。"《诗·陈风·墓门》："斧以斯之。"又唐慧琳《一切经音义》卷八引《埤苍》："嘶者，声

---

① 有的地方把椅子叫靠椅。
② 杨树达《积微居小学金石论丛·自序》。

散也。"《汉书·王莽传》："大声而嘶。"双音词有嘶哑，成语有声嘶力竭。分开为斯，声之分散为嘶。分是两个词具有的语义特征。

卑／婢 玄应《一切经音义》卷八引《苍颉》："卑，下也。"《礼记·中庸》："譬如登高必自卑。"《说文》："婢，女之卑者也。"低下为卑，低下的女子为婢，共有的语义特征是低下。

怒／努 《国语·周语上》："怨而不怒。"注："怒，作气也。"《广韵·姥韵》："努，努力也（尽最大力量）。"《汉书·翟方进传》："努力为诸生学问。"气盛满为怒，力盛满为努，共同的语义特征是盛满。

眉／楣／湄 《说文》："眉，目上毛也。"指眉毛。楣，指门框上的横梁，即门楣。陆游《夏雨叹》诗："蜗舍入门楣触额。"《尔雅·释水》："水草交为湄。"指水边水草相接的地方。《诗·秦风·兼葭》："在水之湄。"眉在目之边，楣在门之边，湄在水之边，三个词都有共同的位置关系。

孔／空／窾（kuǎn）／刳（kū） 《尔雅·释诂》："孔，间（jiàn）也。"指孔洞。《盐铁论·相刺》："通一孔，晓一理，而不知权衡。"《说文》："空，窍也。"也指孔洞。《汉书·张骞传》："然骞凿空（通西域的孔道）。"《广雅·释诂三》："窾，空也。"《淮南子·说山》："见窾木（木中空）浮而知为舟。"《玉篇》："刳，空物肠也。"指把中间挖空。《易·系辞下》："刳木为舟，剡（yǎn，削）木为楫。"以上四个词都有中空的意思。

上面举了五组例子，每组中的词在意义和读音上都有密切的联系。如果是同属一个家族，那么它的成员在血缘上是同源的。上面讲的每一组词也有同源关系，研究者把它们称为同源词。上面谈到的卓／桌、倚／椅也是两组同源词。我们可以看到，同源词是从词的来源的角度研究词与词之间的关系的。[①]

2. 同源词的确定

确定同源词，就要找到那个源。一组同源词既然在音义两个方面都有密切联系，那么确定几个词是不是同源自然就应当从音义两个方面入手。

谈到音，首先咱们要知道，同源词是讲词的历史渊源的，所以这里说的音是古音，古音和咱们现在的语音有很大的差别。这里有一个原则是咱们要明确的，同源词在读音上必须相同或相近，否则就不能认定它们的同源关系（当然，怎么才算是相近，还要仔细研究）。近代著名学者章炳麟在同源词的研究方面做了许多工作，但王力先生在《同源字论》一文中也指出了他研究中存在的问题，问题之一就是把有些声音不相近的也看成了同源词。如章氏在《文始》中曾举出"生"和"出"两个词，声音相差很远，看成同源词就不妥当。上面的分析告诉我们，同源词并不等于同义词。同义词只考虑词与词之间的意义关系，不考虑语音关系；只做共时的比较分析，不考虑词的来源。

确定同源词的另一个根据是义。从义的方面说，就是要找出词与词之间共同的语义特征。

前面说过，特征就是区别。椅和凳的区别在哪里？椅的特征是倚，凳呢？东汉刘熙在《释名》卷六《释床帐》中说："榻登，施之承大床前小榻上，登以上床也。"[②]《广韵·登韵》收有

---

① 王力先生撰有《同源字典》，对同源词做了深入研究，材料丰富，可以参看。
② 解释可参清王先谦《释名疏证补》。

"凳"字："凳，床凳。出《字林》。"宋吴曾《能改斋漫录》卷二"床凳子"一条说："床凳之凳，晋已有此器。"推测起来，开始时凳是用来登踏的，后来加高又成为坐具。如果是这样的话，它的语义特征就是登。凳和嶝（登着上山的小路）、磴（登着上的台阶）、镫（登着上马的器具）应当是同源词，它们的共同特征都是登。[①]再比如《说文》："竿，竹梃。"段玉裁注说："梃之言挺也，谓直也。"又《说文》："斑，大圭。"段注说："斑之言挺然无所屈也。"可以知道梃、斑和挺是同源词，它们的语义特征是挺直。

明白了这一点，那么几个词即使读音离得不远，如果没有共同的语义特征，也不能硬拉在一起看作同源词。中国古代的学者在解释词义时有时运用声训的方法。所谓声训，就是不从文字字形着眼，试图通过声音去探求得名的根由，去探讨词源。这种方法有时用得好，有时用得不好。有时用得好，是因为找准了语义特征，下面是《说文解字》中的几个例子：

> 天：颠也。　　　　旁：溥也。
>
> 启：开也。　　　　更：改也。

也有的时候用得不好，后来的人就批评说是滥用声训。所谓滥用，今天看来就是没有顾及或没有找准语义特征，标准放得过宽了，上面提到的《释名》那本书就有这种毛病。比如：

> 母：冒也。　　　　亲：衬也。

---

① "镫"（dèng）和前面提到的"镫"（dēng）是两个词。

　　巾：谨也。　　　　吮：循也。

　　尽管两个词读音相近，但在意义上毫无共同之处，更谈不上有什么共同的语义特征，所以显得很荒谬。

　　有些词分析起来要麻烦一点。比如《尔雅·释言》："粲，餐也。"又《广雅·释诂二》："餐，食也。"粲和餐能不能看成是同源词呢？段玉裁在解释《说文》中的"粲"字时说："稻米至于粲，皆精之至矣。"粲是上等白米，它的语义特征应当是光洁、鲜明，很多引申义都与此有关。后来又造了一个"燦"（灿）字，就更加显示了这个语义特征。古书中还有"璨"，指玉的光彩，双音词有璀璨。粲、燦、璨正是一组同源词。粲是米，自然可以指餐饭。比如《诗·郑风·缁衣》里讲："予授子之粲兮。"但做米讲并不是它的特征所在，所以不应和餐看作同源。还有的研究者认为，"丧、葬、藏盖同源于亡"，是一组同源词。[①] 亡的原义是逃，由逃亡消失引申指人的死亡消失（双音词"消亡"可以说明两项意义之间的关系），它的语义特征是消失。藏的语义特征是藏匿不露（《说文新附》："藏，匿也。"），和脏（臟）同源，和亡不同源。

3. 同源字与同源词

　　判断同源词，除了对音和义要做细致分析，还可以借助于对汉字的分析。关于汉字，首先应当注意的是一部分形声字。咱们知道，形声字占汉字的95％以上，形声字的形旁表意，声旁表音，笼统地讲并不错，但深入一分析就会发现，

————————

① 《杨树达纪念文集》，第79页。

有些形声字的声旁也有意义，比如上面谈到的"婢""嘶"就是这样。再比如说，以仑（侖）做声旁构成的形声字多含有次序的意思：

伦 人伦，人和人的关系有次序。

沦 水的波纹，水波层层展开有次序。

纶 青丝绶带，青丝带的编织有次序。

轮 车轮，车辐排列有次序。

以乔（喬）做声旁构成的形声字很多有高的意思：

乔 高（双音词有"乔木"）。

骄 《说文》："马高六尺为骄。"马高大健壮。

峤 《尔雅·释山》："山锐而高曰峤。"

跷（qiāo）《说文》："举足行高也。"脚抬高。

桥 架高的供通行的建筑物。

轿 抬高向前移动的一种交通工具。

对这样一类声旁有意义的形声字，古代的学者称作形声兼会意。我们平时讲形旁表意，实际上表示的只是一个意义范围（古人叫作"其类在左"）。对形声兼会意字来讲，真正体现语义特点的是那个表意的声旁（古人叫作"其义在右"）。古代的学者很早就注意到了这种现象。[①] 由于这些形声字有共同的声旁，所以它们表示的词读音就相同或相近；由于它们使用了同一个声旁，也就体现了共有的语义特征，所以它们表示的词就是同源词。从文字的角度讲，就是同源字。

　　分析以上所举的两组例子，我们从声旁本身就可以看出

---

① 中国古代语言学史有所谓"右文说"，读者可以参看沈兼士先生《右文说在训诂学上之沿革及其推阐》一文。

它们共有的含义来。《正字通》："仑，叙也。"指次序。"乔"本身就是一个形声字，夭是声旁，高是形旁（省写了一部分），所以乔的意思就是高。

以上的两组形声字，声旁的意义理解起来比较容易。还有一部分形声字，声旁的意思和整个形声字的意思看不出有什么瓜葛。《说文》："襛，衣厚貌。"段玉裁注："凡农声之字皆训厚。醲，酒厚也。浓，露多也。襛，衣厚貌也。引申为凡多厚之称。"又《说文》："歉（kāng），饥虚也。"指腹中饥饿空虚。段玉裁注："饥者饿也。濂（kāng）者水之虚，寠（kāng）者屋之虚，歉者饿腹之虚。"段注的意思是从康得声的字有中虚的意思。康字，郭沫若认为"以和乐为其本义"，与谷糠的意思无涉（见《甲骨文字研究》）。前面一例中的农，原指农业活动，与浓厚义也没有关系。段玉裁讲"凡农声之字皆训厚"，讲的是 nóng 声。分析这一类形声字，要摆脱字形，从声旁字表示的音着眼。古代的学者，在解释同源关系时常说"凡 × 声之字皆有 × 义"，既包括仑、乔一类字，也包括农、康一类字。

咱们前面讲到字和词的关系时，曾说过古今字大致有三种情况：

①区别字表示本义。②区别字表示引申义。③区别字表示假借义。这三类字中，第一类字本源字和区别字记录的是同一个词（如采／採），不必讨论。第二类字本源字和区别字记录的词有相同的读音（如竟／境），另一方面又有共同的语义特征，可以看作同源字。[①]

以上讲的同源字都是形声字（本源字"竟"虽不是形声

[①] 竟和境记录的词分别是终竟的 jìng 和边境的 jìng。

字，不过区别字"境"是形声字），而且每组同源字的声旁相同，这就是说，每组同源字在构形上都有一个共有成分，字形相类。

另有一些字，构形不相类而所表示的也是同源词。一类是非形声字，如：

叩／考（表敲击）　　　改／更（表改变）

蒙／冒（表覆盖）　　　吾／卬（第一人称）

另一类是形声字，但声旁并不相同，如：

踣／仆（表跌倒）　　　顶／颠（表顶端）

眠／瞑（表合眼）　　　境／疆（表边境）

如果同源字的结构差别比较大，分析起来就更困难一些。大家熟知的杜甫《茅屋为秋风所破歌》里有一句话："茅飞渡江洒江郊，高者挂罥长林梢。""挂"字常见，"罥"字生僻。进一步分析就可以知道，挂、罥同源，都是绊结的意思。

以上是我们对同源字的一个粗略介绍。有两个问题我们应当注意：

（1）异体字和假借字不能算同源字。我们已经知道，一组异体字尽管形体不同，但表示的是同一个词，而一组同源字记录的是来源相同的几个词。至于假借字，一般认为它和借用来所表示的那个词在意义上无关，尽管和本字（如果有本字的话)语音相同或相近，也不能看成同源字。[①]如"矢"借作"誓"，又借作"屎"。

（2）同源字和同源词的关系。文字是用来记录词的，语言

---

① 当然同源字之间也可以说有一个假借的问题，依照文义本应写作甲字，而写成了甲的同源字乙，这是另一类假借，这里就不讨论了。

中先有了同源词，然后人们才用一组字（形声的或非形声的）去记录它们。所以，确定一组字是不是同源字，最根本的标准是要看它们记录的是不是同源词。几个字，不管它们在形体上有没有关系，只要表示的是同源词，就可以考虑看作同源字。

4. 研究同源词的意义

同源词的研究对我们了解汉语词汇的发展有着重要的意义。同源词是讲源的，探明了根源就可以使我们对一个词的来龙去脉、词与词之间的关系有一个彻底的了解。比如古书中有一个"坫"（diàn）字，《尔雅·释宫》说："塊（guǐ）谓之坫。"明代学者方以智在《通雅·宫室》中解释说："凡垒土甓（pì，砖）成台可搁物者皆谓之坫……《长笺》曰：'今开肆陈物，通谓之坫，俗改为店。'"朱骏声《说文通训定声》说："崔氏《古今注》：'坫，置也，所以置货鬻之物也。'字又变作店。"由此我们可以知道坫是一种土台子，可以搁置东西，后来的买卖人把货物放在一个台子上（类似柜台）也叫坫，字又写作店，这就是后来商店、店铺用店的来历。由此我们可以知道"店"与"坫"同源。晋代学者郭璞在给《尔雅》的"坫"字作注时说："在堂隅，坫端（duǒ，义同垛）也。"段玉裁说："端本作墆（zhì）。"他认为"坫端"应当是"坫墆"，那么"墆"又是什么意思呢？《广韵·屑韵》："墆，贮也，止也。"可知"墆"取义于"滞"。"滞"的语义特征是滞留、积存（双音词有滞留、停滞），"墆"与"滞"同源。进一步考察还可以发现，"坫"和"墆"的读音在古代十分接近，[①]其基本义是存置，这样我们

---

① 坫：端母，谈部。墆：定母，月部。

可以进一步推断"坫"与"墕"同源，取义于滞留。把上面的分析归纳起来就是：店、坫、滞、墕四个词同源。

研究词汇的发展，自然要注意到新词产生的缘由，或者说新词与旧词之间的承袭关系，这就是通常所说的孳乳。比如上面讲到的店、坫两个词就存在着孳乳关系，就如同母体产育幼雏一样。同源词的孳乳繁殖，大致有两个方面：时间的和地域的。从时间上讲，同源词的发展有一个先后的序列。比如在甲骨文中，还没有"冬"这个表示季节的词，但"冬"这个字已经有了，应当读作 zhōng，甲骨文字形像绳的两端有结，表示终端、终极的意思，把一年的最末一个季节叫作冬，也是取终端的意思。"冬"字既用来表示季节，它原本的意义（终端）加"系"又写作终。《说文》："冬，四时尽也。"段玉裁解释说："冬之为言终也。"说得很对。但他在给《说文》的"终"字作注时又认为终（终竟）是冬（冬季）的引申，这就把词的孳乳关系搞颠倒了。

古人谈到死，有好几种说法，其中一个词就是"殂"（cú），如诸葛亮《出师表》中说："先帝创业未半而中道崩殂。"这个词本来用"徂"字表示，如《孟子·万章上》："放勋（人名）乃徂落。"徂的意思是往。《诗·豳风·东山》里讲："我徂东山，慆（tāo，长久）慆不归。"由前往引申为过去、消逝。人死也是一种消逝，所以也称为 cú。用徂表示还嫌不清楚，又造出一个"殂"字来。做往讲的 cú 和做死讲的 cú 也有一种前后孳乳的关系。

地域关系是就方言而说的，同一个源头流出好几条支流，流向不同的地方就呈现出不同的自然形态。古书中有一个"妮"（chuò）字，做动词讲是整顿、整理的意思。辛弃疾《鹧鹧天》词:"燕兵夜娖银胡䩮(lù,指箭筒),汉箭朝飞金仆姑(一种箭名)。"做形容词用是整齐的意思。清赵翼《读书苦忘以诗自叹》:"整娖牙签奈老何,光阴渐少书正多。"据我所知,今内蒙古包头一带仍将整齐叫整娖。整娖作动词用,则有收拾、惩罚对方的意思。从来源看,娖和饬古代读音离得不远,整娖或许就是整饬。

四　名称的新陈代谢

（一）旧名的继承与消亡

在前面的第二、三两章中，我们考察的主要是词义的发展变迁和词与词之间的意义关系，这是研究词汇变化的一个重要方面，现在我们要换一个角度——从名称的角度看看古今的词语有些什么样的变化。

如果我们假定事物和概念（或者说人的认识）从古到今没什么变化，那么我们与其用"词语的变化"这种说法，还不如用"词语的代换"这样一种说法来得明确。同一样事物，同一个概念，我们来考察一下过去是怎么说的，后来又是用一个什么样的词来表示的，这的确是一件很有趣的事情。比如说树吧，现在叫树，过去叫木；脚，现在叫脚，过去叫足；我们现在叫公牛的，过去可以叫特；我们现在叫粥的，过去又叫作馋（zhān）；如此等等。

从大的方面说，无非有两种情况：或是名称变了，或是名称没有变。后一种情况好办，第一种情况就复杂一些。所谓名称，是对事物（或者概念）而言的，[①] 所以名称的变化又可以分作几种情况：

（1）事物（或概念）不存在了，名称也随之在语言中消亡。

（2）事物（或概念）还在，但说法有变化，包括：

①指称同一样事物，名称减少了。

②指称同一样事物，名称增加了。

③指称同一样事物，或者用的是一个单音词，或者换成了一个双音词，或者在称说时必须用一个词组。这一章和下一章都要讨论到这些问题，不过这方面的研究目前做得还不够，所以论述起来有的地方不免显得粗略。

1.旧名的继承

这里说的旧名的继承，如果严格地讲，应当是指古代某一时期通语中的一个词在现代普通话中仍然在使用，形式和意义都没有什么变化。不过要确定这种不变的关系并非一件容易的事，因为有些词在古代产生和使用的确切时间，是方言还是通语，一时不好确定，所以分析时只能是一个大概的比较，有时只能把古代、现代作为两个时间平面来看。

如果把古代的词汇和现代的做一番对照，首先我们可以看到，有相当一部分属于基本词汇的词，今天仍然在使用，比如下面这些出现在《诗经》中的词：

（1）关于自然方面的：

　　　天、地、日、月、海、谷（山谷）、风、火、光、岸、

---

① 名称和概念的关系是个复杂的问题，这里不做讨论。

尘、冰

（2）关于生产活动方面的：

耕、田、谷（庄稼）、稻、藏、场、仓、采、桑、蚕、
钓、斧

（3）与人、人体有关的：

人、父、母、兄、弟、舅、背、肩、耳、肺、喉

（4）与人的社会生活、日常生活有关的：

国、城、池（池塘）、道、宫、祸、福、鬼、神、歌、
舞、鼎、缶、釜、刀、布、带、床、宝

（5）关于动植物方面的：

松、柏、草、蒿、豹、鳖、豺、虫、龟、鹤、狐、虎、
羔、雌、吠、巢

（6）关于方位、时间、颜色方面的：

东、北、方、春、冬、晨、古、今、黑、白、黄

从词性看，除了名词，动词和形容词也占有突出的地位。
比如：

爱、拔、拜、包、保、抱、比（比拟）、剥、播、簸、补、
沉、成、盛（chéng）、春、抽、出、穿（穿过）、吹、垂、代、
到、倒、得、登、动、断、反、飞、伏、改、敢、告、观、裹、
号（喊叫）、贺、呼、毁、活

安、饱、常、诚、定、富、干（乾）、扁、薄、多、少、
长（cháng）、大、肥、高、厚、美、恶（è）、好、和（和谐）

从意义上看，这些都是与人们的社会生活关系十分密切
的词，从古到今它们的基本意义（有些是多义词）没有发生什
么变化，这一点在下一章谈到汉语的基本词汇时还要做进一步
分析。从形式上看，这些词可以分成两类，一类是在某一意义

112

上用作单音的，^①如盛（把东西放进去）、抽（抽出）。另外一类词，在某一意义上既可以单音词的形式出现，也可以构成双音词，如：沉／沉没、成／成功。对这两类词做进一步分析可以发现，它们在以单音词的形式出现时有的显示出强烈的口语色彩。比如第一类词中的：

活、饱、常、长（cháng）、大、小、厚、薄

就第二类而言，在同一意义上，如果以双音词的形式出现，有些词书面语色彩就更浓一点。试比较：

菜／蔬菜	路／道路	多／众多
伏／倒伏	告／告诉	号／号叫
贺／祝贺	毁／毁坏	拔／拔除
拜／礼拜	包／包裹	保／保护
比／比拟	补／补充	沉／沉没
成／成就	穿／穿越	吹／吹拂
垂／下垂	到／到达	改／改变
关／关闭	富／富裕	飞／飞翔

就汉语双音词的构成讲，同义复合词（如光明、洁净、砍伐、奔跑、关闭）占有相当大的比重。组成这类词的两个语素的意义相同或相近（如光与明），其中有一部分词的两个语素还显示出书面语与口语色彩的对立，如洁—净、伐—砍、奔—跑、闭—关。比较分析可以知道，其中口语色彩较浓的那个语素现在往往可以单独成词（可以单说），如净、砍、跑、关等。另一个语素，有的不能单说（只能以语素的身份出现），如洁；

---

① 比如说"饱"，在吃足这个意义上做单音词用，在"饱满""饱和"这些词中做语素用，但意义有所不同。

有的能够单说，但使用极有限，如伐，在"伐木"这样一个格式中未尝不可以把它看作一个词，但与之搭配的词极有限。

下面这些单音词也都是继续沿用的（其中包括一部分一般词汇）：

闰①、茎、薅（hāo）、吮、醇、堤、陷、队（zhuì，后作"坠"）、降、轨、凭、秕（子实不饱满）、钟（乐器）、坛、填、级（次第）、操、依、稠

2. 旧名的消亡

一方面，社会的变化，新事物、新概念的不断涌现推动了新词新义的不断产生；另一方面，原有的一些词语也随着一些事物的消亡而不再用了。这里说的消亡是指在一般的社会交际中已经不出现了，但有时在称述历史事物时还用到，那应当另作别论。下面举例加以说明。

古书上说，"国之大事，在祀与戎"。祭祀是古代的大事，有着特别复杂的名称。

比如以时间分，有：

祠　春祭

禴（yuè）　夏祭②

尝　秋祭

烝　冬祭

蜡（禡，zhà）　一种年终祭祀

以祭祀的场合种类分，有：

---

① "闰"的使用不大自由，后面的宾语有限制，如闰八月。

② 郑玄认为这是周时的说法，殷夏时春祭叫作礿(yuè)，夏祭叫作禘(见《礼记·王制》注)。

祃（mà）　军中祭

禬（guì）　除病消灾之祭

祖　出行时祭路神

祫（xiá）　在太庙中合祭祖先

祤（xǔ）　祭神求福

祼（guàn）　灌祭

禅（shàn）　帝王祭地

禊（xì）　消除不祥之祭

禋（yīn）　祭天的典礼

禫（dàn）　除丧服之祭

禷（lèi）　因特别事故而祭祀

与祭祀有关的事物：

脤（shèn）　社祭的肉

祊（bēng）　宗庙内设祭的地方

祏（shí）　宗庙内藏神主的石盒

以年辈划分的祭祀：

祔（fù）　新死者附祭于先祖

祢（nǐ）　为亡父在宗庙中立神主

下面是与房屋建筑有关的一些名称：[①]

扆（yǐ）　君主宫殿中设在堂屋之前的一种屏风

枨（chéng）　竖立在门两旁的木柱

坫（diàn）　室内放东西的土台

楎（huī）　钉在墙上的一种木橛

闍（dū）　城门上土筑的高台

_____

① 参见《尔雅·释宫》。

埘（shí） 土墙上挖的洞，供鸡栖息

塾（shú） 宫门内两侧的房屋

闑（niè） 门中央竖立的短木

阁 防止门扇自动闭合的一种长木

关于器物方面的就更多了，如：

豆 一种形似高脚盘的器物，放食物用

笾（biān） 一种竹编的盛食器，形状像豆

登（本作"登"） 一种瓦制的盛食器，形状像豆

瓯瓿（ōubù） 盆一类的瓦器

彝（yí） 祭祀用的青铜器

卣（yǒu） 一种青铜制的酒樽

罍（léi） 一种酒器

镞 一种有金属箭头的箭

矰（zēng） 一种系有丝线射出以后可以收回的短箭

弭（mǐ） 两端没有装饰的弓

铣（xiǎn） 用金属装饰两端的弓

珧（yáo） 弓的两端用的贝壳装饰

掤（bīng） 箭筒的盖子

和多少年来人们一直使用的天、地、山、水、人这样一些词相比，上面列举的词有着鲜明的时代特征，它们所记录的是某一时代出现的事物；即使在那个时代里，使用的范围和场合也是有限的。换句话说，它们大都是一些一般词汇。

上面列举了有关祭祀、房屋、器物三个方面的一些词，这并不是说有关这三方面内容的所有的词都消失了，比如下面的这些词我们还在使用：祭、祭祀、祖、祖宗、神、祝、祝祷、祓除、宫、宫室、房、屋、楣、枢、弓、箭。

　　分析起来，第一是因为有关的事物还在，如祭祀活动（宗教的和非宗教的）、房屋宫室和作为体育比赛与射猎用的弓箭等。第二，与这些事物相联系的一些观念还存在，比如祸、福、神、祐（保祐）、祓（祓除）。这一类词中，有很多词指示的范围有所扩大。比如《说文》里讲："祸，害也，神不福也。"后来的祸福观念逐渐与神脱离，凡对人有严重损害的都可以叫祸，做事顺遂如意即可称福。第三，还有一些词，可以说正在消亡的过程中。如楣（门楣，门上横木）、枢（户枢，门扇转动的立轴），这自然与房屋建筑的形制有关。如果人们有一天都住上了楼房，这两个词恐怕也要消亡了（户枢不蠹、光耀门楣作为成语自然还要保留下去）。第四，另有一些词，它们原来指称的对象已经消失了，但这些词后来又被注入了新的"血液"，仍然活跃在人们的交际舞台上。比如复辟（bì）这个词，辟指君主，原指失位的君主复位。《书·咸有一德》："伊尹既复政厥辟。"是说商的开国大臣伊尹把君位交还给了商王太甲。后来则转指旧制度、旧思想的复活，多用于贬义。文凭，旧指官吏赴任时作为凭证的文书，又指官府发给百姓的证明文书，现在指可以证明学历的毕业证书。大驾，本指皇帝的车驾，后用作对人的尊称，如大驾光临之类。大学，古代指贵族子弟读书的地方。《礼记·王制》："小学在公宫南之左，大学在郊。"现在指与中小学相对的高等院校。朝觐，原指诸侯朝见天子。《周礼·春官·大宗伯》："春见曰朝"，"秋见曰觐"，后指宗教徒拜谒圣像、圣地。诸侯，秦以前主要指受天子封立、分土建国的各国国君，近年来又喻指那些各自为政、不接受中央调控指挥的地方经济为"诸侯经济"，这个词又重新被起用了。

　　另有一些从日语借来的词，是用古汉语原有的词语意译西方语言中的词，用的是旧词的形式，表示的是新事物、新概念，如封建、革命之类，也一直被使用，这在下一章中还要做详细的介绍。

（二）新名的产生

新名旧名是相对而言的，这里大致有两种情况：第一，指称的对象并没有变，但先后用了不同的名称。《说文》："船，舟也。"段玉裁注："古言舟，今言船。如古言履，今言鞋。"就鞋子来说，古代不但说履，还说屦（jù），还说屣（xǐ），后来就只用鞋这个名称。第二，指称的对象是新创制的，或者是新发现的，当然就要为它起一个名字称说，从某种意义上讲，也可以说是新名。车，没有发明的时候，自然也就没有这个词。虽然我们现在觉得这个词已经很旧了，但当时却是新的，就好像我们觉得导弹、火箭还很新一样。"媒"（媒人），这是婚姻制度发展到一定阶段的产物。《诗·卫风·氓》里说："匪我愆（qiān）期，子无良媒。"这在当时也是一个新词。"煤"，作为一种矿物它已经蕴藏很久了，发现以后就需要起一个名字。上面说"古言舟"，就产生的那个时候讲，也是新的。

以上说的两种情况有些不同，第一种情况有新旧两种名称的对立，第二种情况说的是名称和指称对象的关系，当然也有名称的改换问题，如媒人后来又说介绍人。这一节要讨论的主要是第一种情况。

新名称的产生主要有两种方式。第一是创造一个全新的名称，和语言中原有的词没有什么联系。如上面说到的车和煤，上古汉语的很多词都属于这种情况。媒这个词，《说文》

讲是"谋合二姓"。段玉裁解释说:"《周礼》'媒氏'注曰:媒之言谋也,谋合异类使和成者。"许慎和段玉裁认为"媒"和另一词"谋"有关,这就需要进一步分析。

第二是在旧词的基础上创造新的名称,或者说创造的新词和语言中原有的词有一定的联系。新名称和旧词之间的联系主要有以下几种情况。

(1)由于词义的引申转移而"裂变"出一个新的名称。本书第二章第一节在谈到词和词的确定时曾经举"刻"为例,认为时刻的刻和雕刻的刻可以看作两个词;同样的道理,书信的信和信实的信也可以考虑作两个词对待。再比如"错",原本指错金,是说在器物上雕镂,然后熔金倾入,待冷却后锉磨光滑。古书上说的金错刀就是用的这个意思。这个词现在的意思主要是错误,和原义相差甚远(或以为错误的错和错金的错无关)。很多书在谈到词义转移的时候都举"汤"为例,这个"汤"原指热水(成语有金城汤池),现在指一种汁特别多的副食(肉汤、鸡蛋汤)。做热水讲的"汤"和水(凉水)形成互补关系。《楚辞·九歌·云中君》:"浴兰汤兮沐芳。"《孟子·告子上》:"冬日则饮汤,夏日则饮水。"做副食讲的"汤"和饭、菜形成互补关系。这前后两个"汤"是不是也可以作为两个词对待呢?

所以这样考虑,还有一层原因,比如说书信,原来用的名称是书,大约在唐代以后,开始用信这个名称,这可以看作是新名代替了旧名。错误这个意思,较早的时候用的名称是误、过,后来又用错,这也可以看作是新名代替了旧名。

这里有一个问题不好解决:说后来的意思离原义甚远,远到什么程度才算是成了两个词呢?这需要确定一条比较明确的大家能够接受的分界线。这条线现在还没有找到。

上面谈的这类词之所以不好处理，是因为在语音上前后没有什么变化（比如信实的信和书信的信），只能单凭意义的远近去判断，要一刀斩断就很不容易。另有一类词，意义的引申变化引起了语音形式的变化，这就可以明确地看作两个词。比如：

恶，丑恶，音 è（旧读入声）。《老子》二章："天下皆知美之为美，斯恶矣。"由认为恶引申为厌恶，读 wù（去声）。《荀子·天论》："天不为人之恶寒也辍冬。"分，划分、分开，读 fēn（平声）。《左传·僖公二十八年》："而分曹、卫之田以赐宋人。"引申指划分的范围，常用于抽象意义，指职分，名分。诸葛亮《出师表》："此臣之所以报先帝而忠陛下之职分也。"《说文》："传，遽也。"指驿舍、客舍（常备有车马），音 zhuàn。《左传·哀公二十一年》："群臣将传遽以告寡君。"传遽用以传递、输送，引申为传送，读 chuán。段玉裁解释说："引申传遽之义，则凡展转引申之称皆曰传，而传注、流传皆是也。后儒分别为知恋、直恋、直挛三切，实一语之转。"

以上两类例子也有相同之处，就是在书写形式上都没有什么变化，也有的是在词义的引申中"分裂"出一个新名称之后，书写形式也发生了变化（用一个新的汉字表示）。比如：

解——懈　徂——殂　没——殁
支——肢　才——财　竟——境

（2）旧名是一个或几个单音词，后来产生了另外一个单音词，逐渐代替了原来的旧名。

我们现在叫作眼的，较早的时候称"目"。战国以前还没有眼，战国时也不多见，以后渐多。[①] 而眼最初的时候指眼球，与目不同，徐灏《说文解字注笺》："戴氏侗曰：眼，目中黑白也……合黑白与匡谓之目。"《史记·吴世家》："抉吾眼，置之吴东门。"

表示以目触人、以目触物，过去有很多名称（参下一节《专名与通名》），不过现在主要用"看"。"看"这个字，《说文》收了。从文献材料看，较早的例子是《韩非子·外储说左下》里的一句话："梁车新为邺令，其姊往看之。"但在这句话中是探望的意思。秦以后渐用作看视的意思。汉乐府《十五从军征》："遥看是君家。"

吃这种动作，上古的名称是食。《论语·乡党》："色恶，不食。臭恶，不食。""吃"这个词产生得比较晚，而且在很长一段时间内还包括饮的行为在内，后来最终取代了食。

讲新名是"后来产生"，这是一个很模糊的说法，要把一个词产生的确切时间搞清楚不是一件容易事。

（3）旧名是一个单音词，后来的新名以这个单音词为基础，再加上一个语素构成一个双音词。

凭记忆诵读，现在的名称是背诵，较早的时候单说诵。《后汉书·荀悦传》："所见篇牍，一览多能诵记。"后来以诵这个词为基础，又加了一个背，构成背诵这个新的名称（背单独做背诵讲是很晚的事情）。

麻痹，中医指由风、寒、湿等引起的肢体疼痛或麻木的病，后主要指麻木。《素问·五藏生成论》："卧出而风吹之，血凝于肤者为痹。"后来在痹上又加了一个麻。麻做麻木讲是

---

① 王力《汉语史稿》，第3册第499页。

很晚的事。元李文蔚《燕青博鱼》一折："刚才个渐渐里呵的我这手温和，可又早切切里冻的我这脚麻辣。"

国家这个概念，原来单称国。古时也有国家一词，不过国与家相对，国指诸侯国，家指大夫的封地。《孟子·离娄上》："人有恒言，皆曰天下国家。"

（4）利用原有的两个词作为语素构成一个新的名称，这类例子甚多，如光明、伟大、崇高、甘美、灌溉、财产、把柄、针砭、墙壁。

（5）原来是一个单音词（也有少数双音的），改用的新名称是一个完全不同的双音词，如：

曹　《后汉书·百官志》："成帝初置尚书四人，分为四曹。"这个意思现在说就是部门。

策　《韩非子·五蠹》："犹无辔策而御駻马。"现在叫马鞭。

蠹（dù）《史记·范雎蔡泽列传》："秦之有韩也，譬如木之有蠹也。"现在说蛀虫（书面一点的说法是蠹虫）。

旦　《木兰诗》："旦辞爷娘去，暮宿黄河边。"现在说早晨。

耵聍（dīngníng）　现在说是耳垢、耳屎。

（三）专名与通名

1. 专名与通名

《庄子·在宥》里说："尧舜于是乎股无胈（bá），胫（小腿）无毛。"这是形容尧舜奔波劳碌的情况。胈，指大腿上的小毛。① 今天读这样的话，我们不免感到很惊讶：为什么古人给

———————

① 胈，也有解释为白肉的。

腿上的毛还要专门起一个名字呢？读古书的时候如果我们细心留意，会发现这种情况并不罕见，古人对一些事物和概念有特别细致的分类，而且每一类还有一个专门的名称。

比如我们现在叫椽子的，古代就有三个名称：圆的叫椽，方的叫桷（jué），统称为榱（cuī）。《穀梁传·庄公二十四年》："刻桓宫桷。"《经典释文》说："桷，榱也。方曰桷，圆曰椽。"下面我们要讨论的就是这方面的问题。

这里说的通名和专名包括两种情况。第一种是大类和小类的关系，通名表示大类，专名表示大类中分出的小类，如上面谈到的榱—椽—桷三个名称之间的关系。再比如我们现在称作洗的，古代也有一些不同的专名：洗头洗发叫沐，洗面叫沫（huì），洗身子叫浴，洗手叫盥，洗脚叫洗，总起来叫作洒（xǐ）[1]、涤。猪有豜、豝之分，胡子有髭、髯之分也属于这种情况。第二种情况是整体和局部的关系，通名表示整体，专名表示局部，比如我们现在叫作脖子的，古代把脖子的后部称作项（有"不可望其项背"的说法），前部叫作颈（有"自颈"的说法，有时也指整个脖子），通称为领。[2]另外还有一个脰（dòu），也指脖子。《左传·襄公十八年》："射殖绰（人名）中肩，两矢夹脰。"

下面先举一些例子，然后再做分析。第一种情况如：打击的动作，除了击这个词，在《说文》中还收有十七个词。比如：[3]

---

[1] 洒又读 sǎ，做洒扫讲，这是它的假借义。
[2] 《汉书·金日磾传》："弄儿或自后拥上（皇帝）项。"《广韵·青韵》："颈在前，项在后。"
[3] 尽可能举有书证的例子。下同。

挨 击背也。从后推击。

扑 挨也。

擎（qiào） 旁击。

扶（chì） 笞击也。用杖或板子打。

抵（zhǐ） 侧击也。拍击。

捭（bǎi） 两手击也。两手横分向外旁击。

捶 以杖击也。用棍棒打。

摧（què） 敲击也。

拂（fú） 过击也。掠击。

扰 深击也。《史记·刺客列传》："臣左手把其袖，右手揕（zhèn）其胸。"段玉裁认为揕即扰。

《说文》中关于看的动词收了不下二十个，比如：

视 瞻也。

覛（lì） 求视也。搜索着看。

睨（nì） 旁视也。斜视。字又作睨。

观（lián） 察视也。

观 谛视也。

览 观也。《战国策·齐策》："五官之计，不可不日听而数览也。"韦昭注："览，周视也。"

觑（即"瞟"） 目有察省见也。段玉裁注："目偶有所见也。伺者有意，觑者无心。"

觑 观（cī）觑也（依段注本）。暗中窥视。

觊（即"眈"） 内视也。段玉裁认为与虎视眈眈的眈音义皆同。

觇（chān） 伺视也（依段注本）。暗中察看。

在《尔雅》的《释丘》《释山》中，对自然形成的高地和山岭也有很细的分类。如：

左高，咸丘。右高，临丘。前高，旄（máo）丘。后高，陵丘。偏高（一边偏高），阿丘。

左泽（东面有山泽），定丘。右陵（西面有大山），泰丘。

大山宫（环绕）小山，霍。小山别（不相连）大山，鲜（xiǎn）。多草木，岵。无草木，峐（gāi）。[1]

在《尔雅》的《释鸟》《释畜》《释兽》中对禽兽有着更加细致的分类：有以雌雄分类的，有以毛色分类的；如果是强壮有力，又单有一个名称；以至于兽子、畜子也有不同的名称。比如以雌雄分类的：

兽名	雄（牡）	雌（牝）
麋 mí	麐 jiù	麎 chén
鹿	麚 jiā	麀 yōu
麕 jūn	麌 yǔ	麜 lì
羊（白羊）	羒 fén	牂 zāng
夏羊（黑羊）	羖 gǔ	羭 yú

第二种情况（整体和局部）主要是有关人和动物躯体的一些名称：

面部的：

颠：头顶。

额：额头。又称颡、颜、题。

颜：眉之间（依段注本），与额相近。

颐：即腮。

---

[1] 文献中，没有草木的山称为岵，有草木的称为屺（qǐ）。《诗·魏风·陟岵》："陟彼岵兮。""陟彼屺兮。"毛传："山无草木曰岵。""山有草木曰屺。"

頞（è）：鼻梁。

頜，颐：下巴。

脸：两颊。

咡（èr）：口旁；口耳之间。

上肢的：

肱：肘以上部分。

臂：肘以下部分。

肤：腋下，与小臂部位相近。

胳：腋下，与肱部位相近。

下肢的：

股：大腿。

胫：小腿。

髀（bì）：大腿。特指大腿外部（《说文》："股外也。"）。

腓：小腿肚子。

骹（qiāo）：小腿接近足的部分。

树木方面也有一些专名，如上面举过的本、根、标、末、杪，都是就一个局部而言。

2. 从社会文化看专名

现在需要弄清楚的是古代的专名为什么那么多。

名称的建立是对事物分类的结果，它是人们社会交际需要的产物。这种过细的分类和命名首先是人们物质生产活动的反映。大家熟知的例子是古代对禽兽牲畜的分类特别细，如上面列举的那些专名。不仅如此，田猎也有不同的说法。《左传·隐公五年》有"春蒐（sōu）、夏苗、秋狝（xiǎn）、冬狩"的说法，这些都是大规模的田猎活动的记录。农业生产的发达，种植业的扩大，使先民们对农作物能够做很细致的区分。《诗·豳风·七月》："黍稷穜稑（lù）。"早种晚熟的谷物称为穜，晚种早熟的谷物称为稑。《礼记·内则》："饭：黍、稷、稻、粱、白黍、黄粱、稰、穛（zhuō）。"稰指晚熟的谷，穛指早熟早收的谷。[1] 收获时打捆也有不同的说法。一把禾叫秉，四秉称为筥（jǔ），十筥称为稯（zōng），十稯称为秅（chá）（见《仪礼·聘礼》）。我们前面说过的切、磋、琢、磨也可以收入这一类。

古代的礼俗也可以从各种专名中得到反映。比如古代对年龄便有很细的分类，关于年龄的说法有好几种。《礼记·曲礼上》：

> 人生十年曰幼，学。二十曰弱，冠。三十曰壮，有室。四十曰强，而仕。五十曰艾，服官政。六十曰耆（qí），指使。七十曰老，而传。八十九十曰耄（mào）……百年曰期，颐。

这与我国古代的敬老风尚有关。《庄子·天道》："乡党尚齿（年龄），行事尚贤。"《礼记·祭义》说："昔者有虞氏贵德而尚齿，夏后氏贵爵而尚齿，殷人贵富而尚齿，周人贵亲而尚齿。"《孟子·梁惠王上》里讲国君如果施行仁政，应该使"五十者可以衣帛"，"七十者可以食肉"，"颁白者（头发花白的人）不负戴于道路"，都反映了这种风尚。

中国古代特别重礼制，各种礼仪的规定纷繁琐碎。拿死人来说，如果丧礼时所送的礼物不同，名称也不同。《榖梁传·隐

---

[1] 郑玄注："孰（熟）获曰稰，生获曰穛。"《广韵·觉韵》："穛，早熟谷。"

公元年》:"车马曰赗（fèng），衣衾曰禭（suì，指装殓死人的衣服），贝玉曰含（放在嘴里的珠玉），钱财曰赙（fù）。"死是人生的大限，所以生前死后名称也有区别。《礼记·曲礼下》:"生曰父，曰母，曰妻；死曰考，曰妣（bǐ），曰嫔。"我们前面说过的死有几种不同的说法也属于这一类。等级的森严，礼仪的苛细甚至影响到对尊长的应答。《礼记·曲礼上》:"父召无诺，先生召无诺，唯而起。"郑玄的注说:"敬辞唯恭于诺。"

事物的分类和名称的确立既是社会现实的反映，也是人们认识的反映。某种事物分类的粗略或细致与它在人们心目中的地位有极大的关系，从某种意义上说，越是被人看重的，分类也就越细。同一事物，古今名称在"通"与"专"的方面如果有了改变，可能说明人们对它的重视程度有了变化，后面第五章第四节谈到的对胡子的分类就是一个典型的例子。

再比如前面提到的山，不但区别为有草木无草木等几类，而且还有其他区别。比如:

岑（cén）小而高的山。

峃（xué）多大石的山。

峘（huán）高过大山的小山。

磝（áo）多小石的山。

隓（duò）狭长的小山。

在先民的生活中，田猎放牧、稼穑耕耘、建屋筑室以至迁徙流离都离不开山，各种各样的山时时在他们的脚下，在他们的眼中和心中，因而用不同的名称去指称也就成了一件自然的事。其他民族也有这种情况。比如爱斯基摩人能分辨各种不同的雪，他们的语言中有几十种指称不同雪的词。澳大利亚某些土著善于分辨不同的沙，他们的语言中有许多指称不同沙的词。阿拉伯人善于分别不同的骆驼，他们的语言中有许多区别骆驼的词。①

3. 从语言的角度看专名

以上说的是汉语中通名和专名的社会文化因素。通名和专名的消长还有语言本身的一些因素，这首先表现在语言的民族性上。人们经常谈到的一个例子是汉语中表示亲属称谓的词和英语有所不同：

上一辈

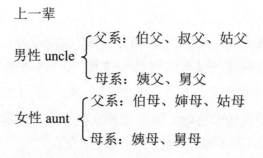

男性 uncle { 父系：伯父、叔父、姑父
　　　　　　母系：姨父、舅父

女性 aunt { 父系：伯母、婶母、姑母
　　　　　　母系：姨母、舅母

下一辈

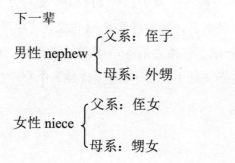

男性 nephew { 父系：侄子
　　　　　　　母系：外甥

女性 niece { 父系：侄女
　　　　　　　母系：甥女

① 陈保亚《语言文化论》，云南大学出版社，第56页。

　　从上面列举的情况可以看出，汉语中上下两辈中专名都比较多，但是却没有英语中 uncle、aunt 那样的通名。[①]

　　其次是名称与思维的关系或者说语言同思维的关系。英国语言学家帕默尔曾分析自己女儿学习语言的过程，说明"一切名称起初都是专名，也就是仅仅指一件实物而不用于其他实物"[②]。

　　人类早期语言往往和儿童的语言有共同之处，在古代汉语中也有这种情况。《尔雅·释诂》说："陨、碩、湮、下、降、坠、零、摽（biào）、蘦，落也。"这些词都讲的是下落，但联系的对象有所不同。"陨"和"碩"，常用于石。《左传·僖公十六年》："碩石于宋五。""下"常指叶、草、动物下降。《楚辞·湘夫人》："洞庭波兮木叶下。"《诗·王风·君子于役》："羊牛下来。""降"有时指主动下降，可用于人、神。《诗·大雅·公刘》："（公刘）陟则在巘（yǎn，山），复降在原。"又《小雅·节南山》："昊（hào）天不惠，降此大戾（乖戾之变）。"

　　"零"，常用于雨、露、泪、草等。[③]《诗·鄘风·定之方中》："灵雨既零。""落"，是通名，又常指草木。《说文》："草曰零，木曰落。"《诗·卫风·氓》："桑之未落。"杜甫《登高》："无边落木萧萧下。""摽"字文献中用得不多，《诗经》中有"摽有

---

① 王力先生认为，中国话之所以把兄、弟、姊、妹、伯、叔分得十分清楚，是因为在上古的宗法社会里长幼之序甚严。见《观念与语言》，《王力文集》16卷第7页。

② L.R. 帕默尔《语言学概论》，商务印书馆，第139—140页。

③ 零做落讲在《说文》中作"霝"（依段注），解释为"雨落"。"零"是徐徐而下之小雨。

梅"的话。^①又比如《说文》讲"在木曰果，在草曰蓏（luǒ）"，
"胜"（xīng）是"犬膏臭"，臊是"豕膏臭"，如此等等。

上面说到爱斯基摩人关于雪有各种专名，但没有汉语中
雪这样的通名。反过来，汉语中有雪这样的通名，但在雪的下
面没有分出什么专名来。^②关于雨倒有几个：如久雨叫霪（yín），
有的说下雨十天以上（不一定可信）；又叫"霖"（下雨三天以
上）；小雨叫"霢霂"（màimù）^③。这种情况，王力先生在《观念
与语言》一文中称之为综合和分析的不同。

从语言的角度看，专名的区分有两种情况。第一种情况
如上面列举的"视""击""山""牲畜"等，是依照其本身意义
的不同，分为不同的小类并定出名目。第二种情况是如刚刚举
到的有关"落"的一些专名，其区别在于联系的对象不一样。
古人说"治骨曰切，象曰磋，玉曰琢，石曰磨"，也是对象的
区分。再比如"洗"的分类、"唯"与"诺"的区分也都属于
这种情况。

对比现代汉语来看，这两种情况都有变化，有的是通名
一直还在用着，专名却不再用了，如"落"在用，"零"已经
不用，"陨"用得很少（限于"陨石"这样一些固定的说法）。
有的是原来的专名成了通名，如"洗""磨"。总体上说，古时
那种细致的划分已经模糊不清，大量的专名已经弃置不用了。

古代的研究者在分析这种专名时，常常用"×曰×"这
样一种说法。如《离骚》里讲："冀枝叶之峻茂兮，愿俟时乎

----

① 这里说的只是一个大致的情况，这种划分不是绝对的，如《离骚》："日康娱
以自忘兮，厥首用夫颠陨。"
② 如果说有的话，霰（xiàn，小冰粒）可以算一个。
③ 《诗·小雅·信南山》："雨雪雰雰，益之以霢霂。"

吾将刈。"东汉的王逸注说："草曰刈，谷曰获。"又："麾蛟龙使梁津兮，诏西皇使涉余。"王逸注："小曰蛟，大曰龙。"这样的一些区分有没有道理，还需要我们慎重考虑。

五　汉语词汇的变迁与社会发展

（一）古代汉语中几种值得注意的词汇

历史上的汉语词汇是个什么样子，老实说现在还不能完全讲清楚，一是因为对很多材料还没有做过系统的分析，二是因为有些理论问题还没有完全解决（比如单音词和双音词的界限）。这里讲汉语词汇的历史面貌，只能粗略地提出几个值得注意的问题。

1. 上古汉语单音词的优势地位

所谓单音双音，是就词的语音结构讲的。一般认为，古代汉语（特别是上古汉语）单音词占优势地位，在现代汉语中复音词特别是双音词占优势地位，其间有一个很长的过渡阶段。在这个过渡阶段中，有些词两个音节（又是两个汉字、两个语素）的搭配时分时合，呈现出一种不稳定的松散状态。如：

《诗·小雅·常棣》："丧乱既平，既安且宁。"双音词有安宁。

《老子》五十一章："是以万物莫不尊道而贵德。"后双音词有道德（意义有变化）。

《论语·子路》："居处恭，执事敬。"双音词有恭敬。

《礼记·中庸》："天命谓之性。"双音词有性命。

《礼记·乐记》："人生而静，天之性也。"双音词有天性。

《书·大禹谟》："惠迪吉，从逆凶，惟影响。"伪孔传："吉凶之报，如影之随形，响之应声，言不虚。"双音词有影响。

这种结合的不稳定性的另一个表现是前后两个语素的位置可以互换。[①] 如：

《韩非子·五蠹》："人民少而禽兽众。"又《八奸》："为人臣者散公财以说（yuè）民人。"

《论衡·变动》："其时皆吐痛苦之言。"《韩非子·解老》："苦痛杂于肠胃之间，则伤人也憯（cǎn）。"

《诗·大雅·绵》："乃召司徒，俾立室家。"又："未有家室。"

《诗·大雅·抑》："惠于朋友。"《左传·庄公二十二年》："岂不欲往，畏我友朋。"

结构的稳定性是词的特点之一，当两个并列同义的成分还没有完全凝结成一个词的时候，这两个成分就不能说已经完全成了语素，实际上还带有词的性质，它们之间的结合还不大稳固，因为是同义并列，所以前后的位置就可以互换。

上古汉语单音词占优势，所以我们在阅读古书的时候，就不要轻易地把两个单音词的连用看成一个双音词。《史记·孟子荀卿列传》讲梁惠王认为孟子"迂远而阔于事情"，"事情"

---

① 郑奠先生有《古汉语中字序对换的双音词》一文，见《中国语文》1964年第6期，举例丰富。

指社会实际情况，不是指事儿。《庄子·外物》讲"言者所以
在意，得意而忘言"。"得意"指领会话中的旨趣，不是说挺
得意的。《世说新语·方正》讲："孔君平疾笃，庾司空为会稽，
省（探看）之，相问讯甚至。""甚至"指十分周到，与现代汉
语的意思不同。

2. 叠音词

除了恭敬、性命这样一类词（一般称为同义复合词，由两
个词根构成），和现代汉语比较，古代汉语中还有另外几种双
音词特别引人注目，值得提出来讨论。首先谈叠音词。

叠音词过去又称重言。有些古书（比如说《诗经》）中，
叠音词就特别多。[①] 下面是《诗经》中的例子：

《齐风·载驱》："汶水滔滔，行人儦儦（biāo，众多的样子）。"

《小雅·角弓》："雨雪瀌瀌（biāo，盛大的样子）。"

《卫风·硕人》："朱帻（fén）镳镳（biāo，美盛的样子）。"

《小雅·頍弁》："未见君子，忧心怲怲（bǐng，忧愁的样子）。"

《邶风·谷风》："行道迟迟（缓慢的样子）。"

《召南·草虫》："忧心忡忡（忧虑的样子）。"

初看这些叠音词，一是惊讶于它们的数目众多，比起现
代汉语来，好像数量要大得多。二是感到面目生疏。其中原
因还需要做仔细分析，不过有几点是可以先提出来的。（1）有
些词，用的字不一样，实际上记录的是一个词（或者说记录的
是有共同来源的一组词）。比如上面句子中的儦儦、瀌瀌、镳

---

① 据向熹先生的统计，《诗经》中共有4000多个词，其中复音词1329个，占
30%。叠音词353个。见《〈诗经〉里的复音词》，《语言学论丛》第6辑。

镳，读音相同，都表示盛、多，应当是一个词的分化，用在不同的对象上，又写成了不同的字，好像就成了三个词。其中的镳字，从字面讲是指一种控制马的器物（成语有分道扬镳），在镳镳这个词里只是借过来表音的。遇到这种情况，我们应当从音义的结合上着眼进行处理，问题就简化了许多。（2）描摹性状，要给人留下深刻的印象，就要铺陈张扬。如果用单音词，有时就不够味，显得不带劲儿，就要多用叠音词。《文心雕龙·物色》里讲："灼灼状桃花之鲜，依依尽杨柳之貌，杲杲（gǎo）为日出之容，瀌瀌拟雪雨之状，喈喈逐黄鸟之声，喓喓学草虫之韵。"讲的就是这个道理。（3）叠音词里，有一些两个字分开讲没有意义。《诗·小雅·无羊》："尔牛来思（语气词），其耳湿湿。"湿湿是耳动的样子，单说一个湿，只是一个音。但也有一部分叠音词是单音词重叠后构成的，每个字都有意义，如前面提到的"行道迟迟""忧心忡忡"。这样的构成方式，在现代汉语中也有，起一种强调的作用。（4）有些叠音词，现在还在使用，如前面讲到的"滔滔"，再如"悠悠苍天""翩翩者雎（zhuī）""绰绰有余"；有些则要和别的语素相结合，如"赳赳（武夫）"，今天说"雄赳赳"。

3. 联绵词

在古汉语中，与叠音词关系密切的还有一类复音词叫联绵词（又称联绵字）。比如"参差"（cēncī）这个词，参和差只表音，不表义，而且两个音节在语音上有密切的关系（参、差声母相同）。再比如"謇产"这个词，两个音节韵相同，合起来表示曲折的意思。这种类型的双音词就叫联绵词。比如我们今天还在使用的崎岖、踟蹰、蟋蟀、鸳鸯、犹豫、婆娑、崔巍、逍遥、缱绻、荒唐等等。

关于联绵词，也有几点是我们应当注意的。第一，大多数的联绵词如同"参差"一样，不能拆开来讲，是一种双音节的单纯词。遇到这样的词，我们不能死抠字面意思强作索解，不能认为犹豫的犹和动物有什么关系，[①] 也不能认为荒唐和荒芜有什么关系。第二，联绵词的两个音节在语音上（指古代读音）有一定关系：有的是声母相同（称作双声），如崎岖、踟蹰、鸳鸯之类；有的是韵（不算韵头的韵母部分）相同（称为叠韵），如荒唐、婆娑、缱绻之类。[②] 第三，联绵词的前后两个字既然是表音的，汉语中的同音字又多，所以用字就不十分固定，一个词有时有好几张面孔，比如上面讲到的"犹豫"，在古书里又写作"游预""犹与""尤（yóu）豫""由预""优与""由与""容与""犹予"等。书写形式尽管有很多，但词只有一个。近代学者朱起凤编了一本《辞通》，收集了大量的联绵词方面的材料。在《自序》中，他坦诚地讲到曾有一位学生答卷时用了"首施两端"这个成语（出自《后汉书》），他批阅时改为"首鼠"，当时不知"首施"即首鼠。[③] 此后自己潜心读书，终于写成了这部巨著。

前面说到，双声叠韵的联绵词与叠音词关系密切，当叠音词中一个音节的读音略有改变时，这个叠音词就变成了一个联绵词，反过来也一样。《诗·豳风·七月》里讲："一之日觱发（bìbō）。"觱发形容寒风触物有声，大风寒。《小雅·蓼莪》

---

① 《颜氏家训·书证》中就认为犹是一种动物。
② 也有些联绵词是非双声叠韵的，这里就不讨论了。
③ 也有的人认为"首鼠""首施"即"首尾"。见王宁《训诂与训诂学》，第215页。

里有"飘风发发"的话,"发发"也就是髯发。①《说文》作"烨泼"。《论语·雍也》讲"文质彬彬",一般解释为文质兼备的样子。《说文》作"份份",实际上就是纷纷、缤纷。"彬彬",也可以解释为盛多的样子。②

4. 偏义复词

有这样一句话:"你要有个好歹,我可怎么办?""好歹"指危害人身的不测之事(如死亡),其中只有"歹",没有"好"。再比如:动静(有动无静)、褒贬人(一般有贬无褒)、同甘苦(有苦无甘)、人马齐全(有人无马)。这样一些双音词,两个字单说都有意义,但放在一个词里,一个字起作用,另一个字不起作用,只是个陪衬,这样的双音词称作偏义复词,这样的词在古汉语中更多一些。清代学者顾炎武在《日知录》卷二十七"通鉴注"一条下就举了这方面的一些例子,如:爱憎,憎也;得失,失也;利害,害也;缓急,急也;成败,败也;同异,异也;赢缩,缩也;祸福,祸也。诸葛亮《出师表》说:"宫中府中,俱为一体;陟罚臧否,不宜异同。"实指不宜有异。《汉书·外戚传》讲霍光的夫人欲使一女医投毒害许皇后,女医生表示为难,霍光的夫人说:"将军领天下,谁敢言者?缓急相护,但恐少夫(女医字)无意耳。""缓急"指危急情况。汉乐府古辞《枯鱼过河泣》:"枯鱼过河泣,何时悔复及。作书与鲂鲥(xù),相教慎出入。""出入",偏指出。《南史·萧引传》:"我之立身,自有本末。""本末",偏指本,指立身处世有原则。

---

① 参见桂馥《说文解字义证》"泼"字注。
② 参见朱骏声《说文通训定声》"纷"字注。

这样的例子还可以举出不少。

　　构成偏义复词的两个语素意义一般是相反相对的，当合在一起成为一个词时，势必要排斥一个，保留一个。在"你有个好歹"这句话中，词义偏指歹；在"他不知好歹"这句话中，往往又偏指好。词义偏指一面，是为了保持词义的确定性。①

　　上面谈了古汉语中的三种复音词：叠音词、联绵词、偏义复词。所以要把这三类词单独提出来，是因为和现代汉语比较，它们的"古语色彩"更浓一些，数量也比现代汉语的要多（今天还在使用的有一部分是过去留下来的），而且前两类对于我们研究古代的语音也很重要。限于篇幅，以其他方式构成的复音词这里就不再介绍了。

5. 文言词与口语词

　　研究现代汉语词汇，可以分为口语词汇和书面语词汇两大类，但是古代汉语的词汇都是写在书上的，这样一推论，似乎就都成了书面语了。为了把这两类词分开，咱们就换一个说法，叫作文言词和口语词。这两类词虽然都出现在书面上，但我们仍然会感觉到它们的不同。比如：

　　考／敲　《诗·唐风·山有枢》："子有钟鼓，弗鼓弗考。"贾岛《题李凝幽居》："鸟宿池边树，僧敲月下门。"

　　伐／砍　《诗·小雅·伐木》："伐木丁丁（zhēng）。"《西游记》六回："望大圣着头就砍。"

　　崇／高　《诗·周颂·良耜》："其崇如墉（墙）。"《荀子·劝

---

① 在"好歹你都要去一趟"这句话中，两面的意思都有。

学》："不登高山，不知天之高也。"

烹／煮 《诗·桧风·匪风》："谁能亨（烹）鱼?"《世说新语·文学》："煮豆持作羹。"

再看下面的例子：

击／打 燃／烧 领／脖 矢／箭
食／吃 覆／盖 暑／热 疾／快
首／头 观／看 目／眼 本／根
斤／斧 悬／挂 墉／墙 木／树

如果问上面的例子哪些是文言的，哪些是带有口语色彩的，大概很多人会回答前面是文言性质的，后面是有口语色彩的。为什么会有这种感觉呢? 这是因为后一类词一直到现在还活跃在我们的口语交际中，一般都能单用。前面的那一类呢? 有的已经不用了，如"斤、墉、矢"；有的虽还在用，但只能作为构词的语素，不再单用，如"悬、暑、本"等。

从词的产生看，咱们知道任何书面语都来源于口语，汉语也是如此。文字出现以后，一方面书面语本身要求更加简洁、典雅，更加规范；另一方面，文字的使用（记录和写作）掌握在一小部分人手中。开始的时候两者是一致的，时间长了，书面语（也就是文言的词语）逐渐与口语分离，走上了另一条路。同一种东西，同一件事，可以用来表达的词并不止一个，口语里使用这个词，放在书面上就可能换成另外一个词。从语言的发展看，口语总是随着社会生活的发展而不断更新，像是一条活水，在流经的道路上时时有新的源泉注入，永远奔流不息。书面语本身则要求相对稳定。文言在秦以前已经定型了，秦以后，大部分文化人死守着"之乎者也"不放，与当时的实际语言越离越远，历代古文家的作品都是如此。

　　东汉以后，这种书面语和口语的分离愈益明显，反映或部分反映当时实际语言的作品大量涌现，如汉译佛经、志怪小说、笔记杂著等，一直到后来的明清白话小说。研究汉语词汇的发展，理所当然地应该对这一部分材料给予足够的重视，因为它最能反映汉语词汇发展的实际面貌。但是把文言和白话区别开来不是一件容易的事。变文、元曲、明清白话小说是以当时的口语为基础写成的，好办一些，但大量的作品是两者混杂在一起，这种分离的工作就不好做。①从另一方面说，文言词与口语词又是一个相对的概念，一个词开始的时候自然是先用在口头上，如果后来长时间地被固定在书面语上，也就成了文言词。《书·尧典》讲："钦若昊天。""允釐百工，庶绩咸熙。"这两句话在《史记·五帝本纪》里讲成"敬顺昊天"，"信饬百官，众功皆兴"。我们有理由认为司马迁的话比较接近当时的口语，但对我们今天来讲，《史记》的话也都是文言了。还有一些词（主要是一些基本词汇），如山、水、风、火、牛、羊、花、草，从古到今，书面上、口头上都一直在用着，你说它是文言词还是口语词呢？

（二）汉语的基本词汇

　　一种语言的词汇可以分为基本词汇和一般词汇两部分。基本词汇是一种语言全部词汇的基石和核心，它既是语言中词汇不断丰富发展的基础，同时又决定了一种语言词汇的基本面

---

① 吕叔湘先生有《文言和白话》一文，举了一些很精彩的例子，大家可以参看。见《吕叔湘语文论集》，第57页。

貌。当然，语言的基本词汇也在不断地发生着变化，但那只是一部分，而且速度缓慢，这决定了基本词汇的稳固性。正是由于这种稳固性，我们才有可能读懂几千年以前的文献。

语言是人类社会生活的产物，又是人类进行社会交际的工具。从词所包含的意义上说，基本词汇是与人类的社会生活关系最密切的；从使用上说，是词汇中使用最频繁的一部分。拿汉语来说，我们现在看到的最早的文学资料是甲骨卜辞。据学者们研究，卜辞中大约有4500个单字，可认读的约占三分之一。虽然只是一千多个字，但从中我们可以窥见汉语基本词汇的一个大概面貌。从词汇意义上看，可以分为下面几个方面：1.自然与环境。2.时间与空间。3.渔猎与生产活动（包括手工业）。4.人体与人体活动。5.人的日常生活。6.人的物质生活。7.人的社会生活，社会活动。8.其他。①

1.关于自然与环境方面的：

雨、雪、云、雷、虹、风、电、光、火

土、山、石、野、川、谷、州、林、木

水、泉、渊、河、湿、灾

日、月、晶（星）、晵（qǐ）、昜（yáng）

以上这些词，作为单音词大多数一直在使用。"州"是水中陆地，后作"洲"，《诗经》里有"在河之洲"的话。"晶"就是"星"。"木"，今天说树，树木。"风"这个词，甲骨文

---

① 甲骨文方面的资料主要参考了徐中舒先生主编的《甲骨文字典》、高明先生《古文字类编》和裘锡圭先生《文字学概要》中的古文字材料。征引的其他著作必要时随文注出。词的分类只能反映一个大概情况。既然谈的是基本词汇，就应该有一个频率统计，这一点没有做到。

142

时期已经有了，不过多借"凤"字来表示。"电"，有的研究者认为甲骨文里就是一个"申"字，字形像天上的电光曲折（叶玉森《殷墟书契前编集释》）。在《说文》中，虹的籀文写法又作"蚰"，《说文》解释说："从申。申，电也。"也可以证明这种看法。日，后来又说太阳。阳，繁体作"陽"，甲骨文中作"昜"，字形下面像枝柯，上面是太阳，表示阳光。山的南面向阳，后加"阜（土山）"写作阳，既表示阳光，又表示阳面（山南水北为阳）。《诗经》里既有"匪阳不晞（干）"的话（《湛露》），又有"在南山之阳"的话（《殷其雷》）。甲骨文中没有晴，有一个"啓"，《说文》讲："雨而昼晴也。"指雨过天晴。清代学者徐灏说："昼晴曰啓，夜晴曰晴，今通谓之晴。"灾这个词，甲骨文中有不同写法，或写作戋，《说文·戈部》解释说："伤也。"或写作灾，又写作巛，有的研究者认为这三个字分别表示兵灾、火灾、水灾。从词来说，应当是一个，这些不同的写法表明了远古时期各种灾害对人类的巨大威胁。

2. 关于时间和空间方位方面的：

旦、昏、朝、夕、夙、晨、暮、旬

岁、年、春、秋、今、昔

东、南、西、北、方、上、中、下、左、右、先、后（後）

甲骨文中，表示一天之内早晚两段时间的词不少，但还没有早晚这样的说法，较为抽象的"夙"（早）、"昔"（往日）已经出现。《说文》："旬，遍也。""旬"表示一个时间周期。十日为一旬（如从甲日到癸日）。古书中又有"旬月"（满一个月或者十个月）、"旬年"（满一年或十年）的说法。一年之中，表示季节是"春"和"秋",但没有冬和夏(冬字在甲骨文中表示终端)。《庄子·逍遥游》里讲"蟪蛄不知春秋","春秋"表示一年的时间。"年",甲骨文从禾从人,表示谷物丰收,所以《说文》里讲:"年,谷熟也。"甲骨文中有"求年""受黍年"的说法,古书中有"有年""大有年"的说法。谷物一熟的时间为一年,又转指时间。从空间方位看,几个最基本的方位词已经出现。方,像古代的一种农具,用以耕土,借用来表示方位。

3.关于渔猎和生产活动方面的:

这方面的词十分丰富,多方面地反映了人类的生产活动。如:

渔、狩(狩猎)、禽、获(獲)、阱、射、逐、焚

弓、矢、罗、网、毕、离、干

雀、雉、狐、鹿、虎、彘、豸、象、鱼、龟、兔

这些词,有的至今意义未变,有的从个别意义引申为一般意义,如"获(獲)"。"禽"这个词,既可以表示猎获的对象,又可以表示猎获。"毕"和"离",本来都是捕鸟的工具。《诗·小雅·鸳鸯》里讲:"鸳鸯于飞,毕之罗之。"焚,指焚烧,原有焚烧草木追杀野兽的意思。《管子·揆度》里讲:"烧山林,破增薮(野草丛生的洼地),焚沛泽(有水有草的洼地),逐禽兽。"《韩非子·难一》:"焚林而田,偷取多兽,后必无兽。"

下面是农牧采集方面的一些词:

农、蓐(薅)[①]、埶(艺)、采、春、封、木

[①] 徐中舒《甲骨文字典》认为蓐是薅、农的初文。

刍（芻）、畜、牧、豢、养、牢、马、牛

羊、羔、鸡、犬、豕

稻、麦、黍、稷、禾、米、桑、丝

斧、斤、新

"艺"，繁体作藝，本作埶，本义是种植。《诗·齐风·南山》："艺麻如之何？"后引申指一般的技艺。"封"，本指堆土栽树，《左传·昭公二年》有"封殖此树"的说法。由封土引申为封闭。古代在疆界处堆土种树为标志，由此引申为边境。所堆之土隆起高大，封又有大的意思。"刍"，繁体作芻，甲骨文字形像手持断草的样子。《说文》："刍，刈草也。"做动词是割草。《左传·昭公六年》："禁刍牧采樵。"做名词，指牲畜吃的草和割草的人。"畜"，指豢养家畜。《淮南子·本经训》讲"拘兽以为畜"，反映了远古时期对牲畜的驯养。[①]"新"，本指伐木，故从斤，后借用指新旧的新。

4. 关于人体和人体活动方面的：

人、身、元、天、页、面、首、口、齿

目、眉、足（疋）、止、涕、血

子、男、女、老

相、省（xǐng）、见、望、欠、臭、吹、言、告、听、闻、声

力、共、弄、具、兴、企、何、立、旋、转、夹、并（並）

行、各、步、正、徒、进、及、从、竞、之、休、降、往、出、入

---

① �和豕，有人认为豷是野猪，豕是家猪，也说明了对牲畜的驯化。

逆、历、归、来、还、复、登、涉

有的研究者认为，"身"的本义是妊娠，甲骨文像女人怀孕腹部隆起的样子，后指整个身体。"元"，原表示头。《左传·僖公三十三年》："狄人归其元。"从头部在人体的位置引申为开始、首领的意思，如元年、元首之类。"天"，是头顶。《山海经·海外西经》里讲到一位神人"与帝争神，帝断其首"，所以称为刑天。刑天就是断首的意思。陶渊明的诗里有"刑天舞干戚，猛志固常在"的赞誉。"页"（xié），字形下面是人，上面是人头，很多以页为形旁的字都与头有关。页后来表示（书、画等的）篇、张，那是一种假借义。"而"，本来指胡须，借用来做第二人称代词和连词。《考工记·梓人》讲："必深（藏）其爪，出其目，作其鳞之而。"用的就是本义。[1]"足"与"疋"（shū），在甲骨文里是一个字，到了《说文》，就分成了两个字。《说文》："疋，足也。上象腓肠，下从止。"字形下面是脚，上面是小腿和膝盖。所以中国古代的军事家孙膑受了膑刑（削掉膝盖骨），而司马迁在《报任安书》中说"孙子断足"。

"相"和"省"都表示仔细看，后来说的相面、相亲都还有这种意思在内。"省"，后来多用于抽象意义，曾子就讲"吾日三省吾身"。"兴"，繁体作"興"，从舁（yú）从凡，在甲骨文中有举的意思，基本意义是起，成语有夙兴夜寐，双音词有兴起、振兴。所谓兴奋，是指精神情绪振作，也还是向上的意思。"何"，本义是负荷，甲骨文字形是人持戈（小篆变为从人可声），借用作疑问代词。"并"（现在作"并"），异体作竝，像二人并立，基本义是比并。"行"，甲骨文字形像

---

[1] 戴震补注："颊侧上出者曰之，下垂者曰而。"

十字路。表示道路的意思读 háng。《诗·豳风·七月》:"遵彼微行(小路)。"表示行走的意思读 xíng,引申指实行、运行、进行。"各",甲骨文字形上面是夂(zhǐ,止的倒写),表示来到的意思。这个意思在古书中常写作"格"。《诗·大雅·抑》:"神之格思(语气词)。"后来又造了一个"徦"字,本义就显示出来了。"正",下面是止,上面一横表示目的地,基本意思是行,古书中常表示远行(后加彳写作"征",和"徵"是两个字)。《诗·小雅·小宛》:"我日斯迈,而月斯征。"征伐是它的引申义。杜甫有一首诗叫《北征》,写他离开长安到北面去看望家人,就不能理解成征伐。"休",从人从木,表示休息。《诗·周南·汉广》:"南有乔木,不可休思。""复",表示往返,返回,字形下面从夂(suī),加彳又写作"復"。《春秋·定公三年》:"至河(黄河)乃复。"后多用作抽象意义。

5. 关于日常生活方面的:

家、寝(寝的异体)、宿、梦、因、爿

沬、浴、盥、监

食、饮、飨、庶(煮)、蒸、香

衣、裘、冃(mào)、免

疾、尿、屎

埽、粪、弃、受、得、为、乘

包、孕、乳、育、保

生、死、葬、文

寝,今作寝,指躺卧睡觉。躺的地方也叫寝,甲骨文中有东寝、王寝的说法。"爿"是一种卧具,甲骨文字形像爿形。"爿"是床的最初写法,和另外一个"爿"(读作 pán)是字形相同的两个字。① "因"，本义是茵席，后写作茵。傅毅《舞赋》："陈茵席而设座兮。""因"用来做衬垫，所以引申出的一个基本意义就是凭借。"沬""浴""盥"三个字都表示洗。"沬"，又写作靧，表示两手捧水洗面。《礼记·内则》："面垢，燂（xún）潘请沬。"指把淘米水烧热洗脸。"浴"指洗身。"盥"指洗手，水从上面洗在手上，又流在盘子里，这叫"沃盥"（《礼记·内则》）。"监"，繁体作監，就是照镜子。远古时期，没有玻璃镜，也没有铜镜，就在器皿里盛上水照，所以《书·酒诰》里讲："人无于水监，当于民监。"加"金"又写作"鑑"。"饮"，又作歙，甲骨文字形像人低头就着器皿饮歙的样子。"飨"，繁体作"饗"，本作"鄉"，在甲骨文中与卿字字形相同，表示二人相向共食，引申为宴飨、飨祀。"庶"，就是煮，甲骨文字形下面是火，上面是石头，合起来表示以火烧石烹煮熟食的意思（于省吾《甲骨文字释林》）。"庶"在古代文献中表示众多，那是它的假借义。蒸（蒸煮），甲骨文字形像两手捧米，中间是一个器皿。

冃，是头衣，后写作帽。"免"，下面是人，上面是头衣，这个意思后来写作冕。"尿"，从尾从水，《说文》说："人小便也。""屎"，《说文》里没有。有一个"菡"字，解释为"粪"。段玉裁的注说："《左传》《史记》假借矢字为之。""菡"也许就是屎。扫除的意思《说文》作"埽"，后作"扫"。"粪"，作动词讲是清除秽物的意思。《说文》："粪，弃除也。"《左传·昭公三年》："小人粪除先人之敝庐。"做名词，指脏土、秽土，和今天的意思（粪便）有所不同。《论语·公冶长》："粪土之墙

① 裘锡圭先生《文字学概要》，第141页。

不可杇（粉刷）也。""乘"，基本意思是登高在上。《诗·豳风·七月》："亟其乘屋。"指上了屋顶。古书里把欺凌他人叫乘人，就是取以上压下的意思。《国语·周语中》："乘人，不义。"

《说文》："包，象人怀妊，巳在中，象子未成形也。""巳"就是子，合起来表示妇女怀胎，这个意思后来写作"胞"。"乳"，就是哺乳，这个意思一直沿用至今。又转指生子。《史记·扁鹊仓公列传》："怀子而不乳。""育"，意思是生育，引申指培育。"保"，古文字字形像两手向后背负着孩子的样子。《书·召诰》："夫知保抱携持厥妇子，以哀吁天……"引申为保育、安定的意思。"生"，指有生命的、活的、鲜的，甲骨文有"生鹿""生豕"等说法。"文"，甲骨文字形像人胸前有花纹。古代一些部族有文身的习俗，古书中有断发文身的记载。后引申用于一系列抽象意义。

6. 关于物质生活方面的：

丝、帛、巾

宫、室、庭、门、户、官、向、京、墙、墉、开

箕、柄、帚

皿、曾（甑）、鬲、缶、豆、槃、鼎、壶

彝、勺、俎、爵、酒、鬯（chàng）

宝、贝、玉、璞

乐、舞、磬、鼓

典、册、舟、车、斻（航）

"宫""室"均指人住的房舍。早期一般人住的房子也可以叫宫（参见《词义的缩小》一节）。"官"，最早也指房屋。《论语·子张》讲孔子的学问博大深厚，"不得其门而入，不

149

见宫室之美，百官之富"。有的研究者认为这个意义后来写作"馆"，特指客舍。"向"，《说文》里讲是"北出牖"，一般认为是指朝北的窗户，《诗经》里有"塞向墐户"的话。"京"，郭沫若认为甲骨文字形像宫观高大的样子。古人造房，往往在一块高地之上。做名词，指高丘。《诗·小雅·甫田》形容仓库高大，说"如坻（chí，水中高地）如京"。做形容词，"京"指高大。京师的意思与大有关系。"墉"也是墙。《说文》解释为"城垣"，不过墉并不单指城墙。

"曾"，就是甑，一种用来蒸熟食物的器具，最初写作曾，古书中釜（一种锅）甑常常连用。"鬲"，是古代一种炊器，下面有中空的足支撑，又是一种重要的祭器。"缶"是古代常用的一种瓦器。"豆"是一种放食物的器皿，形似高脚盘，有瓦豆、木豆的说法。《说文》："彝，宗庙常器也。"是宗庙祭祀最常用的器物，后来就成为宗庙器物的通名了。"勺"是用来舀酒的。"俎"，是祭祀时盛放牲体的一种礼器，形制和几（jī）相似（最早的俎是切肉之器）。"鬯"，又称秬鬯，是古代用黑黍和郁金香草酿制的一种香酒，供祭祀用，古书里出现得很多。

玉和贝是古代最重要的饰物，贝还用来做货币。璞是未经加工过的玉。舞，最初写作"無"，甲骨文字形像一个人手执舞具跳舞。《吕氏春秋·古乐》："昔葛天氏之乐，三人操牛尾，投足以歌八阕。"八阕指乐舞的八个段落。虽然是一种传说，但与字形正相吻合。磬是古代一种重要的打击乐器，以石或玉制成。本作"殸"，后加石写作"磬"。"典"，甲骨文字形上面是简册，下面有两手捧持。典册由文字记录而成，在古人的生活中占有特殊的地位。

7. 关于社会生活、社会活动方面的：

王、公、君、后、宦、寮、师、长、尹、吏（史、事）、宰、令、婢、奴、臣、妾、仆、妃

祭、示、祀、宗、祠、祝、福、祐、社、祸、卜、贞、占、巫、雩

讯、辛（qiān）、央（殃）、执

武、伐、俘、兵、刀、戈、戎、戒、戍

函、卫、取

献、羞、会、盟、斗、拯、友

㫃（yǎn）、旅、族、邑、邦、国、郭

姓、父、母、妻、婦（妇）、娶、兄、弟、妹、姪（侄）

孙、世

“王”是最高统治者。“后”（与“後”是两个字），王国维认为左边一部分像人形，右边的口和上面的一横是倒子形的讹变。在母系社会中，始祖母是氏族之首，由此引申指君主。“寮”，甲骨文字形像宫宇之中燃火，表示多人共处一室之中[①]，后即指职官。《左传·文公七年》：“同官为寮。”这个字也写作“僚”。古书中有同寮（僚）的说法。“师”，甲骨文中有师氏，也是职官名。“长”，原来字形是头发长的样子，引申指为首的人，读音也变了。吏、史、事在甲骨文中是一个字，其字形与手有关，表示有所执掌，做名词指负有职责的人，又指职事、事业。“尹”，字形像以手执杖（或认为是笔），以此表示治事的官尹，卜辞中有关于“尹”“多尹”的记载。“宰”，

① 《甲骨文字典》，第835页。

甲骨文上面是房屋，下面是古代施刑用的曲刀（郭沫若《甲骨文字研究》）。《说文》讲，宰是"罪人在屋下执事者"，实际上原来就是家奴。"臣"，甲骨文字形像竖目。"妾"，从女从辛（罪）。臣妾指男女奴隶。《左传·僖公十七年》："男为人臣，女为人妾。""仆"，繁体作僕，商承祚认为甲骨文像"人冠首而两手捧箕"，表示供役使的人。

"示"，甲骨文像用木、石做成的神主，从示的字大都与祭祀祷祝有关。据郭沫若统计，近代学者罗振玉所撰《殷墟书契考释》一书收录卜辞1169条，其中有关祭祀的占有538条（见《卜辞中的古代社会》），所以卜辞中有关祭祀的词也很多。"宗"，上面是房子，下面是神主。《说文》："宗，尊祖庙也。"《礼记·中庸》里讲："宗庙之礼，所以祀乎其先也。""土"，本指土地，祭土地神的地方叫作社，甲骨文中用土表示。"礼"，繁体作"禮"，甲骨文像器物中盛有二玉。古代行礼常用玉，奉神之事就称为礼（王国维《观堂集林·说礼》）。"卜"，本是烧灼龟甲时显出的裂纹，古人据此判断吉凶。《说文》："占，视兆问也。"是吉兆还是凶兆，要对卜兆仔细观察，这就是占。《史记·龟策列传》："灼龟观兆。"双音词有占卜、占视。"贞"，上从卜，下面是鼎（后讹为贝），在卜辞中表示卜问。"雩"，是一种通过乐舞求神祈雨的仪式。

"辛"，《说文》讲"罪也"，字形像古代施刑用的曲刀，以此表示罪愆的意思。执，繁体作執，指拘执罪人。"武"，从止（脚）从戈（兵器），有征伐的意思。《左传》里讲"止戈为武"，把止理解为阻止、制止，那是赋予了这个字一种哲学意义。"戎"，甲骨文由戈和盾牌组成。《说文》："戎，兵也。"由戎构成的词往往和兵事有关，如元戎、戎车、戎机之类。函是藏箭用的，引申有涵容、蕴藏的意思。"羞"，甲骨文从羊从又，合起来表示进献（食品）的意思。《左传》里有"羞于王公"的话。做名词讲，指食品，这个意义后写作"馐"。

"㫃"，像旌旗飘摆的样子，和旗帜有关的字很多以㫃为形旁。比如斿，从㫃从子，后来加水写作游（商承祚《殷墟文字》）。做名词，读 liú，指旗帜下沿的飘饰。做动词，由旗帜的飘摆游荡引申泛指游动。"旅"，甲骨文字形像两人在旗下。用于兵事，表示军旅。又表示人众多。《说苑·辨物》："不群居，不旅行。""邑"，是人聚居的地方，人口多少不一，既有"十室之邑"，又有"千室之邑"（《论语·公冶长》）。《说文》："邦，国也。""国"，原作"或"，从戈，表示持戈守土的意思。

"姓"，从女从生。古代姓与氏有别。姓是氏族的称号。母系氏族公社以血缘关系为基础，故字从女。"父"，是斧的初形，郭沫若认为像以手持斧。石器时期男子持石斧操作，转指父亲的父（《甲骨文中所见之殷代社会》）。

8. 其他：

这里有一部分是表示抽象概念的词语，还有一部分是不大好归类的。比如：

一　二　三　四　五　六　七　八　九　十　廿　卅

百　千　万

白　绿　黄

高　厚　大　小　多　永　员　直　美　品　众

尽　绝　亟

齐　好　吉　利　安　协　可

系　作　为　使　分　启　合　同

"白"，郭沫若认为像人的拇指，引申指为首的，伯仲的伯。表颜色是它的假借义。"黄"，像人有环佩，这个意义后来写作"璜"，表颜色也是它的假借义。"高"，字形构成和京相似，表示在高地上筑室居住。用作形容词，表示高大、久远。"永"，有研究者认为是泳的最初写法，表示人在水中行，做永长讲是它的假借义（高鸿缙《中国字例》）。"员"，字上面像鼎的圆口，下面后来讹作贝，这个意义后来写作"圆"。《说文》："品，众庶也。"用三件器皿合起来表示繁庶众多。"众"，繁体作衆，甲骨文字形上面是日，下面是三个人，表示众人在日下劳作。卜辞中有"小臣令众黍"的话，郭沫若认为众是奴隶（《卜辞中的古代社会》）。有时又称作众人。《诗·周颂·臣工》："命我众人。"做形容词表示众多。"极"(極)，甲骨文作亟，表示顶点、极顶。"作"，甲骨文是乍，基本义是造作、产生、兴起，表示有作为。"为"，繁体作"爲"，甲骨文字形上面是手，下面是象（其时多象），研究者认为表示以手牵象从事劳作。

（三）汉语词汇的复音化

前面我们在谈到汉语词汇的历史面貌时，曾说过在古代汉语中单音词多，到了现代汉语，复音词特别是双音词占了优势。纵观汉语的发展历史，可以看出词语的双音化是一个变化的总趋势。先秦时的文献前面已经举了一些例子，从下面几条秦以后文献的例子也可以看出这种变化的轨迹：

《吕氏春秋·慎行》："始而相与，久而相信，卒而相亲。"

司马迁《报任安书》："故祸莫憯于欲利，悲莫痛于伤心。"

《汉书·杜周传》："三尺（指法令）安出哉？前主所是著为

律，后主所是疏为令；当时为是，何古之法乎？"

《周书·文帝纪下》："是子才，由于公；不才，亦由于公。宜勉之。"

第一例"相信"指坚持道义的人互相信任。例二"伤心"指精神上受到的伤害。例三"当时"，颜师古解释说："各当其时而为是也。"意思是说不同的时代有不同的法律，法律要适应时代。例四写西魏文帝将七岁的废帝托付给安定公，"由于"是依赖于、凭借于的意思。这几个说法，从意义上看每个字各有自己的意思，如果把它们看成词，看来有些勉强，不过到了现代汉语，就成了四个名副其实的双音词。前后对照，可以看出它们在意义上一脉相承的关系。

这种双音词日趋增加的情况可以从很多文献资料中得到证实。下面是东汉康孟详译《修行本起经》卷下中的一段话：

> 于是复前行，望见丛林山，其地平正，四望清静，生草柔弱，甘泉盈流，花香茂洁。中有一树，高雅奇特，枝枝相次，叶叶相加，花色蓊郁，如天庄饰。天幡在树顶，是则为元吉。众树林中王，于是小前行，见一刈草人，菩萨便问曰：今汝名何等……

有的读者也许要问，汉语的复音词在由少到多地增加，能不能选择一些重要文献，对书中出现的复音词加以统计，这样，各个时期复音词变化的情况不是就一目了然了吗？我们的研究不就有了一个坚实的基础了吗？是的，完全应当这样做，而且很多研究者都在这方面做了不少努力，并不断有研究成果

问世。马真先生在《先秦复音词初探》一文中对先秦时期8部著作中的复音词做了统计，其中4部书的结果是：[1]

《诗经》：712　　　《左传》：489

《论语》：159　　　《孟子》：286

向熹先生在《简明汉语史》(上册)中的统计是：[2]

《论语》：全书1700多个词，除去人名、地名、虚词，复音词200多个，占15%。

《诗经》：全书3400多个词，其中复音词900多个，占全部词语的25%。

《论衡》(东汉)：复音词达2300多个。(据程湘清《〈论衡〉复音词研究》)

该书认为："上古汉语以单音词为主，到了中古，就口语而论，复音词变得占有优势了。""例如《左传》和《论衡》两书篇幅接近，《左传》全书约20万字284个双音词；而《论衡》21万字，出现了2000多个双音词，两者复音数量相差8倍有余。"[3]

有的研究者认为，双音词的大量出现是划分近代汉语时期的一个重要标准。下面是蒋冀骋在《论近代汉语的上限》一文中的一个统计表：[4]

---

① 载《北京大学学报》1981年第1期。
② 《简明汉语史》上册，高等教育出版社，1993年，第406页。
③ 《简明汉语史》上册，第495页。
④ 载《古汉语研究》1991年第2期。统计采用随机抽样的方法(具体说明见该文注释②)。

书名	调查字数	复音词数	百分比（约）
论语	15883	378	2.4%
孟子	35402	651	1.8%
论衡	3582	270	7.5%
世说新语	1998	190	9.5%
变文集	2580	349	13.5%
西厢记	1473	257	17.4%
红楼梦	2628	466	17.7%

　　这样一些研究成果对我们考察汉语复音词的发展无疑极有帮助。但进一步观察我们会发现，同样一部书，统计的结果却很不一样。比如《论语》，向熹的统计是15%，蒋冀骋的统计是2.4%。徐流《论同义复词》一文说：据有人统计，《论语》《孟子》《左传》的复音词占总词数的21%左右。《左传》一书复音词共计788个，百分比为20.7%，另有人统计为955个，几达30%（前面讲马真的统计是489个）。①

　　照理说，同一部书的统计结果不应该有这么大的差异，其中可能有技术方面的原因（如人工与电脑），计算方面的原因（如蒋冀骋以字数为分母计算百分比），但最重要的原因恐怕还是对复音词的标准掌握不大一样。

　　《论衡·讥日》讲："且沐者，去首垢也，洗去足垢，盥去手垢，浴去身垢。"有人把"洗去、盥去、浴去"看成3个复音词，就不妥当。这里是讲三者的区别：洗是去足垢的，盥是去手垢的，浴是去身垢的。

---

① 《古汉语研究》1990年第4期。

157

　　以上这个例子比较明显，有的不大明确，是不是词，看法不一样，还需要仔细考虑。下面是《左传·成公十三年》中的一段话：

　　　　（秦穆公）奸（gān）绝我好，伐我保城，殄灭我费滑，散离我兄弟，挠乱我同盟，倾覆我国家……康公，我之自出，又欲阙翦我公室，倾覆我社稷，帅我蝥贼，以来荡摇我边疆，我是以有令狐之役。

　　这一段话45个词，有的研究者认为其中复音词有19个：奸绝、保城、殄灭、费滑、散离、兄弟、挠乱、同盟、倾覆、国家、康公、阙翦、公室、社稷、蝥贼、荡摇、边疆、是以、令狐。这一段话复音词确实不少，但对个别词也有不同的看法。奸绝，是犯的意思。杨伯峻先生《春秋左传词典》说是"侵犯而使断弃和好"，这样解释就成了一个词组。保城，保后作"堡"，指小城，有人认为这是同义词连用。费滑，费是滑的国都，当时秦军袭郑没有成功，乃灭滑而还。这是一段声讨秦国的外交辞令，为加强气势，故多用排比句，费滑是一种临时的连用，能不能看成一个双音词，还需要考虑。

　　两个成分连在一起，是不是一个双音词，可以从意义和结构两方面看。

　　从意义上说，既然已经成了一个词，就是一个整体，表达的就是一个完整的意思，而不是两个成分意义的机械组合。国家这个词，是我们前面分析过的。在前面举过的"人恒有言，皆曰天下国家"（《孟子·离娄上》）这句话里，国家是一个词组；在"倾覆我国家"这句话里，国家是一个词，指的就是国。

从结构上说，既然已成了一个整体，前后次序就不能再随意改动，社稷不能说成稷社，边疆也不能说成疆边。

但这只是就典型的词例而言。从词组到双音词总要有一个过渡阶段，两极的好说，中间的过渡形态就不好分析。上面那一段文章里讲"散离我兄弟""荡摇我边疆"，现在我们只说"离散""摇荡"，那么《左传》里的说法算不算双音词？如果算的话，对这类词还要不要划定一个界限？这些都还需要研究。

那么复音词怎么就越来越多了呢？其缘由也是需要深入探讨的一个问题。语言是人类最重要的交际工具，社会在不断进步，对语言提出的要求也就越来越高，推动它不断地发展。就词来说，它是一种音义结合体，人类的交际要求以有限的语音构成表达愈来愈丰富的内容，这应当是我们分析汉语词汇复音化的一个基本着眼点。换句话说，分析这个问题，一方面要考虑音，另一方面要考虑义。

从音的方面说，汉语史研究者一般都认为汉语的语音系统从古到今是大大地简化了。王力先生在《汉语史稿》中说："现在我们还不十分了解唐末和宋代的实际语音情况，但是有种种迹象使我们相信从8世纪起，实际语音要比《切韵》系统简化了一倍。到了《中原音韵》时代（14世纪）又比8世纪的实际语音简化了一倍以上。"在普通话中，声母有22个（包括零声母），韵母38个，如果不计声调，可能构成的基本音节应接近800个，实际上出现的只有400多个。① 音节在不断减少，

———————————

① 北京大学中文系编《现代汉语》，第111页。

而新的词和新的义又在不断增加，其结果必然是每个音节的负担越来越重，一方面，同音词越来越多；另一方面，同一个词所承担的意义越来越多。三个人穿三样衣服好认，现在三个人穿一样的衣服，认起来就不容易，词也是一样。比如：

宋·郑樵《〈通志〉总序》："大抵开基之人，不免草创，全属继志之士为之弥缝。"

《汉书·律历志上》："汉兴，方纲纪大基，庶事草创，袭秦正朔（指历法）。"

《左传·隐公元年》："（共叔段）缮甲兵，具卒乘，将袭郑。"

又："都城过百雉，国之害也。先王之制，大都不过参（sān）国之一。"

前两句话，都是讲帝王初创基业，但第一例的草是粗略的意思，第二例的草是造始的意思，语音形式都是 cǎo（写出来也是一个字），意思不大一样。中间两例都有一个袭，第二例中"袭秦"是说沿用秦的历法，第三例中"袭郑"是说偷袭郑的国都，两个袭是同音词。最后一例的大意是，如果都邑的城墙超过一百雉（量度单位），就是国家的危害。先王的制度，大城的城墙不能超过国都的三分之一。这句话中有两个"国"，第一个"国"指国家，第二个"国"指国都，意思也不一样。

再看一个虚词的例子。归有光《项脊轩志》："余稍为修葺，使不上漏。"《西厢记》卷一："寮舍（房舍）稍多，但随堂一斋一粥。"前一句的"稍"是略微的意思，后一个"稍"是颇、甚的意思。稍不小心，也容易搞错。

上面举的还都是简单的例子，有的词意义远不止两项，掌握起来就很费劲，即使放在上下文里，有时也还要思索再三。人们既要交流思想，就要求一个语音形式所表达的意义明白显豁。要避免上述的那种"混淆视听"的情况，路子无非两条：或者另换一个语音形式，如把表颇、甚义的"稍"换成"很"，但这样并不能解决音义之间的尖锐矛盾；还有一个办法，就是把一个单音词变成复音词，比如我们把上面讲到的几个词分别变换：草₁—粗率、草₂—开始、袭₁—沿袭、袭₂—袭击、国₁—国家、国₂—国都、稍₁—稍微、稍₂—十分。这样一变换，词的意义就一目了然了。

单说一个袭，意思不好认定，加上了"沿"或"击"，意义范围就确定了。原来由一个语素构成的词，如果再加上一个语素构成一个双音词，意义就变得十分明确了。很明显，这是加上去的那个语素对意义范围起了一种限制作用。三个人穿一样的衣服不好辨认，如果戴上三顶不同的帽子，那就好认多了。

在一定的上下文中，意义明晰只是最起码的要求。如果一个词不但意义明确，而且表达的内容更加丰富，这岂不更好？只有复音词才能满足人们的这一要求。请看下面的句子：

曹操《让增封武平侯表》："姿质顽素（愚钝平庸），材志鄙下。"

《南史·颜延之传》："外示寡求，内怀奔竞（奔走竞争），干禄祈迁，不知极已。"

《北史·赫连子悦传》："自是人属近便，行路称之。"

《宋史·魏了翁传》："风俗苟偷（苟且浇薄），边备废弛。"

明何良俊《四友斋丛说》卷三十七评论元曲四大家说："元人乐府，称马东篱（马致远）、郑德辉（郑光祖）、关汉卿、白仁甫（白朴）为四大家。马之辞老健而乏滋媚；关之辞激厉而少蕴藉；白颇简淡，所欠者俊语；当以郑为第一。"

对句中的双音词不必一一分析，读者自可体味。同一个语素，搭配上不同的语素，意味便有所不同。王国维《人间词话》说："少游（秦观）词境最为凄婉。至'可堪孤馆闭春寒，杜鹃声里斜阳暮'① 则变而凄厉矣。东坡赏其后二语，犹为皮相。"凄婉、凄厉都有一个"凄"，但"婉"不同于"厉"，所以可用来评论词境的不同。

我们知道，汉语词汇的复音化，最重要的一条途径是由两个同义、近义（也有反义的）语素连在一起构成一个复合词。这种同义连用的复合词可以分为两类：一类是两个语素的意义已经完全混同，如光明、高大、美好这样一些双音词；另一类词（比较"尊敬"和"敬畏"），两个语素在意义上还保持有相对的"独立性"（如上举各例），这样一个词就可以传达双倍的信息量，言简而意丰，这是单音词所不可能做到的。

上面谈的是汉语词语复音化的内部原因，如果说到外部原因，那么最重要的就是外来词的吸收了。在吸收外来词的时候，如果完全是音译，那么原来的多音节词译过来自然是复音词，如沙发、沙龙、沙门、沙弥、布尔乔亚、布尔什维克。有的原本是单音节的，音译后也成了复音词，如克泠（英 grain，英美制中的一种衡量单位）、克里姆〔佤族语（grim），伙耕〕。还有一类是所谓半音半义的混合词，在音译成分之后再加一个表意成分，这样也都成了复音词，如沙皇、啤酒、拖拉机之类。

汉语词语的复音化，有内因，有外因，二者一起推动，复音化的步伐就更快了。

从结构上看，汉语的复音词大致可以分为三类：（1）叠音

---

① 这两句词见秦观《踏莎行》。

词、联绵词和部分音译词，前面已经讲过，这是一种单纯词。（2）复合词，一个词包含的几个语素都有词汇意义，上面分析的主要是这一类词。（3）派生词，一个语素有实在意义，另一个语素的意义却不那么实在，一般称为词缀[①]。如老虎中的"老"是前缀，桌子、石头中的"子""头"是后缀。在汉语词汇发展史上，这种派生词的产生和发展也是一件大事。

秦代以前词缀的情况还需要做更加深入的研究。后缀，主要是在形容词的后面加上然、若、如、尔、焉，表示一种状态，如"斐然成章""其叶沃若""空空如也""率尔而对""潸（shān）焉出涕"等。前缀，就名词而言，很多人认为朝代名、国名、部族名前面的"有"是前缀，如有夏、有殷、有周、有扈、有巢氏这样一些说法。到了汉代，又出现了一个新的名词前缀"阿"。《史记·扁鹊列传》有"阿母"的说法，汉乐府中有"阿谁"的说法，魏晋南北朝时期，阿字就用得更多了。现在，有些方言里还在用，普通话里就用得很少了（如"阿姨"）。

现代汉语里最重要的词缀是老、子、儿、头，它们的来源和发展，很多讲汉语史的著作都有介绍，这里就不谈了。

（四）汉语词汇的发展与中国社会

词汇的发展有语言自身的原因，这是内因，比如本章第三节在谈到词汇的复音化时所分析的音和义之间的矛盾就是如此。词汇的发展还有外因，最重要的外因就是社会的变化以及随之而来的人们对事物认识的变化。英国语言学家帕默尔在

---

① 这里讲的词缀，在有些讲汉语语法的著作中称词头（前缀）、词尾（后缀）。

《语言学概论》(第139页)中说:"语言忠实地反映了一个民族的全部历史、文化,忠实地反映了它的各种游戏和娱乐,各种信仰和偏见。"语言和社会的关系主要有两个方面:一方面,一个民族的社会生活尽管已经成为过去,但这种历史生活的痕迹却通过语言存留了下来,所以有人说语言是社会历史的化石。另一方面,社会的前进又在推动着语言的发展。就语言诸因素和社会的关系而言,最亲密、最敏感的莫过于词汇了。新词的产生、旧词的消亡、词义的变化无不与一个社会的物质生产活动、社会活动、政治生活以及人们的观念息息相关。语言和社会的这种关系是我们在前面的文章中一再提及的,这一节再稍加集中,举例加以说明。

人类的物质生产活动是社会发展的基础。当我们打开一部较早的古书(比如《诗经》)或字典(比如《说文解字》)时,古代的采集、渔猎、农牧、营造等活动通过一个一个词语都会历历展现在我们的面前。我们前面在谈到专名时曾不止一次地举到切、磋、琢、磨这四个词,汉代学者认为它们分别与骨角、象牙、玉石的打磨制作有关。史学工作者告诉我们,石器的出现最早,远在一万八千年以前的山顶洞人时期,人们已经掌握了磨制石器、制造骨角器的成熟方法和加工工具。进入父系社会以后,骨角器的种类更加繁多,其中象牙器的雕刻已经具备了很高的水平,而且出现了制骨、制石、制玉、纺织、冶铜等多种手工业生产。切、磋、琢、磨这四个动词的出现有力地印证了我国远古时期制作业的发展。

在《诗·周南·芣苢》中,诗人用四个不同的动词细致地描绘了妇女们采集车前草的情况:"薄言掇之(拾取,或认为是掐取)""薄言捋之(抹取)""薄言袺之(jié,手提衣襟兜住)""薄

164

言襭之（xié，把衣襟掖在衣带间兜住）"。这些不同的动词是当时劳动生活的如实写照。《召南·采蘋》则告诉我们采摘大蘋（一种水生植物）的地方是在"南涧之滨"，"行潦"之中。盛载的器物有方形的筐和圆形的筥（jǔ），煮蘋的时候用的是三条腿的锜（qí）和无脚的釜。

在《说文解字》中，有关丝和丝织品的词特别多，并且有很细致的分类。比如丝的分类有：

绤（hé） 丝下也。质量差的丝。

绐（dài） 丝劳即绐，指破旧的丝。

绖（kuā） 茧滓绖头也。缫茧时弄结了的丝。

络（luò） 依照《广雅·释器》，络可能是指生丝。

绡（xiāo） 生丝也。

絮（xù） 敝绵也。粗丝绵。

缊（yùn） 旧絮。

纩（kuàng） 絮也。《小尔雅·广服》："絮之细者曰纩。"细棉絮。

古代，丝织品总称为帛，又称为缯（zēng）。缯帛的染色有各种各样的。比如：

绢（juān） 缯如麦䅌（juān，稻麦的茎）。麦青色的丝织品。

绮（qiàn） 赤缯也。赤色的缯。

綥（qí） 帛苍艾色。苍艾色的帛。

绣（yù） 帛青经缥纬。用青色的经线和青白色的纬线织成的帛。

缃（xiāng） 帛浅黄色。

纨（wán） 素也。白色细绢。

素（sù） 白致缯也。未经着色的生帛。

165

缯帛还有其他一些分类：

绨（tí） 厚缯也。一种粗厚光滑的丝织品。

绫（líng） 东齐谓布帛之细曰绫。从古书里看，是一种细薄有花纹的丝织品。

绮（qǐ） 文缯也。一种平纹底起花的丝织品。

綮（qǐ） 致缯也。细致的缯帛。

缟（gǎo） 鲜色也。《小尔雅·广服》："缯之精者曰缟。"精细的丝织品。

缦（màn） 缯无纹也。没有花纹的丝织品。

缣（jiān） 并丝缯也。用双线织成的缯帛。

关于丝帛的加工工艺，也有不少的词。如：

经（jīng） 织纵丝也。指织机上的纵线。这个字金文中已经有了。

纬（wěi） 织横丝也。织机上的横线。

缫（sāo） 绎茧为丝也。把茧浸泡在沸水里抽出丝。

织（zhī） 作布帛之总名也。这个字金文中已有。

练（liàn） 湅缯也。把生丝、生帛煮过，使之变得柔软洁白。

绘（huì） 五彩绣也。五彩的刺绣。

绣（xiù） 五彩俱备也。刺绣设色，色彩纷呈。

特别值得注意的是汉语中一些表示颜色的词多与丝帛有关。比如：

红 帛赤白色。

绀 帛深青扬赤色。微泛红色的深青色。

紫 帛青赤色。

絑 纯赤也（这个意义文献中写作朱）。

166

绛　大赤也。

绿　帛青黄色。

缁　帛黑色也。

缇　帛丹黄色。

缙　帛赤色。

纁　帛赤黄色。

缥　帛青白色。

綥　帛雀头色。

我们不能保证《说文》的这些说法完全准确可靠，但这样多的有关丝帛的词的出现，表明了我国古代桑蚕业、丝织业的高度发展，这一点应当是没有疑问的。历史研究表明，我国夏代已经有了丝织品。[①]在商周时期，主要的纺织原料是丝、麻、毛、葛。就丝织品而言，仅从考古发现的实物资料算起，至今已有四千多年了。在殷墟出土的青铜器上常常发现丝绢的印痕，其中不但有细密的平纹绢，还有织有菱形图案的织物，说明商代的蚕丝业已有长足的发展。到了周代，蚕丝生产就更加扩大了。[②]

《诗·秦风·小戎》是一首怀念出征的丈夫的诗。这首诗对当时兵车的构制有详细的描写，下面是诗中提到的有关车马部件的几个名称：

收：箍束车厢的木头，也叫轸。

觼（jué）：一种有舌的环。舌用来穿过皮带，使之固定。

楘（mù）：箍在车辕上的有花纹的皮条。

---

① 孙淼《夏商史稿》，第220—221页、第453页。
② 《中国古代史常识·专题部分》，第79页。

　　游环：活动的环，结在服马颈套上，用以贯穿骖马的外辔。

　　胁驱：一种马具。装在马胁两旁，用以控制骖马。

　　阴：车轼前面的横板。

　　靷（yǐn）：拉车前进的皮带。

　　鋈（wù）续：鋈是白铜。鋈续是白铜制的一种环。

　　文茵：有花纹的席垫（这里指虎皮褥子）。

　　畅毂：车轮中心穿车轴的部分（有孔）。畅毂即长毂（朱熹认为兵车毂长三尺二寸）。

　　"车"字在甲骨文中已经有了，考古工作者在商代晚期的遗址中已经发现了车马坑，所以车的发明在我国至迟不会晚于商代。试想，如果当时没有高度发展的冶炼业、制作业，就不会有《诗经》中描写的那么精致的车子，也不会有那么多复杂的名称。由于车制的变化，这些名称我们现在掌握起来不免感到困难，这正如明代学者钟惺所说："虽是文字艰奥，亦由当时人人晓得车制，即妇人女子触目冲口，皆能成章。车制不传，而此等语始费解矣。"①

　　反映人们日常生活的词也是如此，饮食起居、婚丧嫁娶、礼俗仪轨等古今都有巨大的差异。拿饮食来说，古代有一个时期一天吃两顿饭，上午的一顿饭叫饔，下午的一顿饭叫飧，所以《孟子》里有"饔飧而治"的话。前面曾说过粮和食的区别。古时出远门（如行军、旅行）随身携带的粮（干粮）又叫糗（qiǔ）粮，也叫糇（hóu）粮。《庄子·逍遥游》里讲："适千里者，三月聚粮。"这自然是因为古代交通不发达，购买食品

────────────

①　转引自陈子展先生的《诗经直解》。

不便利，现在出远门，就用不着"三月聚粮"了。肉食在古代占有很重要的地位。为了便于保存，人们将做成的干肉叫作腊（xī），叫作脯，又叫作脩，《礼记·内则》有"牛脩鹿脯"的话。带骨的肉脯叫作胏（zǐ），《易·噬嗑》里有"噬干胏"的话。肉酱叫作醢，生肉酱叫作脠（shān）。桓谭《新论·谴非》说："鄙人有得脠酱而美之。"带汁的肉叫作羹。细切的鱼、肉叫作脍，孔子就说他自己"食不厌精，脍不厌细"。《诗·小雅·六月》讲到周宣王北伐胜利设宴庆祝，吃的是"炰鳖脍鲤"。《大雅·韩奕》写显父为韩侯饯行，吃的是"炰鳖鲜鱼"。贵族们吃饭，讲的是"列鼎而食"。鼎用来煮肉，有几种肉就分几个鼎来煮。吃的时候用匕把肉从鼎中取出来，放在俎上用刀切着吃，所以古书里经常有"刀俎"的说法。

在祭祀活动中，肉的地位就更加重要。用来祭祀的肉，统称为胙（zuò）。生的祭肉叫脤（shèn），熟的叫膰（fán）。《诗·鲁颂·閟宫》讲："毛炰胾（zì）羹，笾豆大房。"毛炰指连毛烧炙（的猪），笾和豆用来盛祭品，大房就是俎。《小雅·楚茨》生动地描绘了祭祀时的盛况："济济跄跄（威仪敬慎），絜（洁）尔牛羊，以往烝尝（祭名）。或剥或亨（烹），或肆（摆放）或将（献上去）。""为俎孔（甚）硕，或燔或炙。"

在中国几千年有文字记载的历史中，无论是奴隶社会，还是后来的封建社会，就其政治生活而言，其核心是严格的宗法等级关系，所谓"天有十日，人有十等"（《左传·昭公七年》）。这种特点在汉语词汇中同样有多方面的反映。从天子到下面的各级贵族官吏，不仅是本人，就是他们的妻子也有专门的名号。《礼记·曲礼下》说："天子之妃曰后，诸侯曰夫人，大夫曰孺人，士曰妇人，庶人曰妻。"百姓这个词，最早并不是指平民。姓原来是一种族号，用以区别不同的血缘群体，后来百姓指族长、首领之类的人。《书·尧典》里讲"百姓昭明"，百姓就是指的百官。《礼记·中庸》里讲"子庶民则百姓劝（得到勉励）"，百姓和庶民是不混为一谈的。人这个词，笼统地讲和今天没有什么大的区别，但在一定的上下文里又有特指的意义。《书·皋陶谟》里讲："知人则哲，能官人；安民则惠，黎民怀之。"《论语·宪问》里讲："修己以安人。"这里的人，指的是有一定身份地位的人。臣和妾这两个词，本指男女奴隶。《书·费誓》讲"臣妾逋逃"，又说"无敢诱臣妾"，都指奴隶而言。后来词义发生变化，臣成了官吏和百姓的统称，妾则指小妻和偏房，所指变了，但从中仍不难看出原来那一层被役使的意思。

在上位者要维护自己的统治，讲究的是"名位不同，礼亦异数"，车马服饰、言谈举止都要上下有序。拿车子来说，天子所乘叫大路，诸侯乘路车，大夫乘轩车，士乘饰车。① 据古人的解释，路是大的意思，表示君主的至尊地位。所以车叫路车，门曰路门，寝曰路寝，驾车的马又称路马。我们今天称作帽子的，古代也有一些很特别的说法。贵族男子戴的叫作冠，而一般庶人只能罩一块巾，如果做了官，就叫"脱巾"。冠又分冕和弁两种。冕最初是一种特别尊贵的礼冠，开始的时候天子和诸侯大夫祭祀时都戴冕，后来"冠冕""冕笏"（官员拿的一种手板）就成了仕宦的代称，成语有"冠冕堂皇"。到了后来，只有帝王才能戴冕，"冕旒（liú）"一词就成了帝王的代称。随着封建等级制的消亡，这些复杂的名称也都成了历史文物。

---

① 参见《艺文类聚》卷七十一《舟车部》。

不仅如此，一些原来很普通的词语也都有了等级的色彩。告、召、喻本来都是一般的动词，后来又孳乳出诰、诏、谕这样一些词，主要用于上对下，由此又产生了诏谕、制诰、诰命等一系列词。趋是一个一般的动词，指快步走，但在古书中又表一种礼节，在尊长面前碎步快走表示礼敬。《史记·萧相国世家》里讲到刘邦大封功臣，就给了萧何"带剑履上殿，入朝不趋"的极高礼遇。朕，原是一个普通的第一人称代词，屈原在《离骚》里就自称为朕（如说"朕皇考（父亲）曰伯庸"）。秦始皇统一天下后，一些臣子上尊号，皇帝的命曰制，令曰诰，天子自称曰朕。此后，朕就成了帝王的专称。活着是如此，死了也还要区分尊卑贵贱。《礼记·曲礼下》说："天子死曰崩，诸侯死曰薨，大夫死曰卒，士曰不禄，庶人曰死。"所以诸葛亮在《出师表》里称刘备临死叫"临崩"。

前面说过，词义反映了人们对客观事物的认识，所以词语、词义的变化既和客观事物有关，又和人们的认识有关。一方面，有些词是直接反映人们的观念的，如孝、悌、忠、信、仁、义、俭、阴、阳这样一些词。词所反映的人们的这些观念，又是特定社会制度的产物。《墨子·兼爱上》说："臣子之不孝君父，所谓乱也。"封建宗法社会，在家为父，在国为君，君和父是二位一体，所以孝既可用于父，又可用于君。后来于君则用忠，孝便主要用于父母了。儒家讲温、良、恭、俭、让（《论语·学而》），这里的俭是指对自己行为思想的约束规范，是一种道德标准，后来俭主要指经济消费方面的约束，这也反映了人们思想的变化。

打开一本字典，会发现古代关于毛发方面的词很多，这也和古人的观念有关。古时候人们很重视自己的头发，如果头发卷曲美观，有一个专门的词叫作鬈（quán）。《诗·齐风·卢令》赞美一个猎人说："卢（黑狗）重环，其人美且鬈。"如果头发稠密美观，有一个专门的词叫作鬒（zhěn）。《鄘风·君子偕老》赞美一个女子说："鬒发如云，不屑髢（dí）也。"髢是假发。《经典释文》引汉代学者服虔的话说："发美为鬒。"长了一头又黑又稠的美发，自然就不用再装饰假发了。《世说新语·贤媛》讲东晋名臣陶侃少年家贫。一次有客人来访，其母湛氏"头发委地"，为待客，便"下为二髲（bì），卖得数斛米"。由此也可见头发的珍贵。还有一个词髦（máo），指毛发中的长毫。《诗经》中三次出现"髦士"这样的词，指英俊杰出之士。段玉裁在《说文解字注》中解释说："发中之秀出者谓之髦发……士之俊杰者借譬为名。"《尔雅·释言》就直接说："髦，俊也。"后来古书中就出现了髦秀、髦英、髦杰、髦俊、髦彦这样一些双音词。时髦这个词，本来是指一时的俊杰之士，和现在的意思不一样。

和毛发有关的还有胡子，古人也分得很细，长在两颊上的叫髯，唇上的叫髭，唇下面的叫须，这也是古人很看重的。《史记·高祖本纪》说刘邦"为人隆准而龙颜，美须髯"，相貌就不同于一般人。汉乐府《陌上桑》写一个叫罗敷的女子夸自己的丈夫说："为人洁白皙，鬑鬑颇有须。"鬑就是指的毛发长，罗敷为此而感到自豪。《水浒传》里写朱仝胡子长过腹部，所以被称为美髯公。可见胡子长也是一种男性美的标志。到了现在，统称为胡子，这也和观念的转变有关。

说到胡子这个词，也和社会有关。具体说来，这个词是与其他少数民族交往的产物。王国维《西胡续考》（见《观堂集林》卷十三）说："是胡之容貌，显与他种不同。而其不同之

172

处，则深目多须四字尽之……是中国人貌类胡人者，皆呼之曰胡，亦曰胡子……是自唐以来皆呼多须或深目高鼻者为胡或胡子。此二语至今犹存。世人呼须及多须之人皆曰胡子，俗又制髯字以代之。"

人的观念有时还影响到名称的改换。现在吃饭用的筷子，古代叫箸。明代陆容《菽园杂记》里说："吴俗，行舟讳言住，箸与住同音，故谓箸为筷儿。"

人们常说的禁忌语、委婉语也是一种观念的反映。王力先生《汉语史稿》下册举了有关小便和死的一些说法。关于小便的词有：尿、前溲、小遗、旋、解手（小解）。此外还有一些其他的说法，比如《史记》"鸿门宴"一节中又叫"如厕"，《汉书·韦玄成传》又叫"便利"（包括大便），现代汉语又说"方便""去一号"（与"如厕"用意相同）。关于死，《汉语史稿》举出的说法有：千秋万岁后、不讳、物故、长逝、逝、溘谢、物化。此外还有其他的说法，如《左传》又称"即世"（《成公十三年》），《孟子》又称"徂落"（《万章上》），曹丕的文章又称"迁化"（《典论·论文》），现代口语又说"老（了）""去（了）""走（了）""过世"，对尊敬的人说"百年之后"。

从上面的例子我们不难看出，一方面社会的发展使新词源源不断地产生；另一方面，一批又一批的旧词随社会和人们观念的变化也在不断地消亡（如刚刚举过的髦、鬓、鬈、髭）。同时，社会的变化对词义也有着深刻的影响，比如"筑"（築）这个词就和今天的含义不大一样。现在有筑路、筑场、筑工事（包括挖沟）这样一些说法。《说文》里讲："筑，所以捣也。"古人说"筑"，最早是说筑墙，先拉绳子把宽窄长短量好，然后在两头和两边竖上长木柱，这叫作栽（栽树是后来的说法）。

两头的木桩叫"桢"，两旁的木桩叫"干"（榦），所以《说文》里讲："干，筑墙端木也。"栽好了"桢"和"干"，再把长木板横着放在干内拴牢，然后在木板内填上土砸实，这样一版一版地加高，叫作筑。① "筑"做名词讲指夯土的木杵，做动词讲就是夯土使坚实。《书·费誓》讲"峙（准备）乃桢干"，《诗·大雅·绵》里说"其绳则直，缩（用绳束）版以载（栽）"，又说"筑之登登（筑墙声）"，就反映了这种情况。"营"，现在指营地、经营之类，《说文》解释说是"帀（zā）居"（依段注本）。"帀"是周遭环绕的意思。《礼记·礼运》说："昔者先王未有宫室，冬则居营窟，夏则居橧（zēng）巢（架木而成的棚舍）。"考古发掘表明，远古时期人住的半穴式房屋多呈圆形，《礼记》的话并非虚言。古时车战，驻扎时把车子囮成一圈，这就是宿营。用作动词，就是营造，进而引申为经营管理。"池"，在古代既指护城河，又指池塘，《左传·文公十八年》有"二人浴于池"的话，后来前一个意思不怎么用了，自然与城市建筑的发展有关系。"略"，《说文》讲："经略土地也。"指划定疆界。《左传·昭公七年》讲："天子经略，诸侯正封（边界），古之制也。封略之内，何非君土？"现在"略"已经没有这个意思，这和古制的消失有关。"堂"，指正屋，和两旁的房、后面的室、前面的庭相区分。成语有登堂入室。现在这个意思在少数双音词中还保留着（如堂屋、中堂），多数情况指的是公共活动的大房子，如会堂、讲堂、食堂、音乐堂之类，这也与房屋结构样式的变化有关。这样的例子还可以举出不少。

---

① 参《说文解字》"栽"字段玉裁注。"筑"（乐器名）和"築"原是两个字，築简化后混同为一。《诗·豳风·七月》："九月筑场圃。"也是指把土地砸实。

　　新词的产生更能说明词汇发展和社会的关系。有一篇题为"新科技滋生新词藻"的文章说，1992年版的《美国传统英语词典》比10年前的版本增加了1.6万（项）新词和新义。该词典的编纂人说下次还要再增加1万到1.5万个新词。[①]王力先生在《汉语词汇史》第九章中说："现在在一篇政治论文或学术论文里，新词往往达到百分之七十以上。从词汇的角度看，最近六十多年来汉语发展的速度超过以前的几千年。"汉语词汇之所以有这样快速的增长，就是因为最近几十年是中国社会变化最快的一个时期。

（五）汉语词汇的发展与中外交流

　　如果咱们说"玻璃、世界、肥皂、文化、革命、好歹"这几个词和外国、外族有关系，也许有的朋友会感到惊讶，但这是事实。从社会史的角度说，各国之间、各民族之间的交往是社会发展的一个重要组成部分。汉语的发展既然与中国社会的发展分不开，当然也要受到中外交流的影响。翻开中国的史籍，就会找到不少这方面的材料。

　　我国自古就是一个多民族国家，远在商代，除了商民族之外，东北部有肃慎、奚、秽貉，东南部有东夷，西部和北部有土方、鬼方、羌，西南部有巴、蜀、越等。[②]

　　《诗经》里讲："及彼南夷，莫不率从。"（《鲁颂·閟宫》）又讲："征伐玁狁（xiǎnyǔn），蛮荆来威。"（《小雅·采芑》）《礼

---

① 见1994年12月8日《参考消息》。
② 孙淼《夏商史稿》，第582页。

175

记·王制》里讲："中国戎夷，五方之民，皆有性也……五方之民，言语不通，嗜欲不同，达其志，通其欲，东方曰寄，南方曰象，西方曰狄鞮（dī），北方曰译。"唐代的孔颖达解释说："帝王立此传语之人，晓达五方之志，传通五方之欲，使相领解。"从这些记载可以知道，我国古代各民族之间的交往很早就发生了，所说的"传语之人"就是翻译人员。这种接触和交流必然要影响到汉语的发展，对汉语词汇的发展影响尤为显著。从先秦至近代，尤其值得注意的是这样几个时期：先秦和西汉时期匈奴和西域各族各国的影响；汉魏六朝时期北方和西北少数民族的影响；东汉以后佛教传入带来的影响；宋元以后蒙语、满语的影响；明清时期西方语言与日语的影响；五四运动以后汉语对新词的大量吸收。

下面我们举例做简要的介绍。

匈奴是一个古老的民族，有的学者认为，匈奴族在商代称鬼方、混夷、獯鬻（xūnyù），周时称猃狁，春秋以后称戎、狄，战国以后称胡、匈奴。[①] 很多研究者认为下面的一些词来自匈奴语。[②]

骆驼 匈奴语 dada 的音译。《逸周书·王会》《山海经·北山经》写作"橐驰"，《史记·大宛列传》《汉书·西域传》写作"橐它"，南北朝时开始写作"骆驼"（见《百喻经》）。

猩猩 《尔雅·释兽》说："猩猩小而好啼。"《逸周书·王会》作"生生"，《山海经·南山经》作"狌狌"。

---

① 王国维《观堂集林》卷十三《鬼方、昆夷、猃狁考》。

② 这一节的外来语材料，主要参考了刘正埮、高名凯等编的《汉语外来词词典》，参考的其他一些汉语史著作，为避行文繁复，有时就不再一一注明了。为印刷方便，有些词的外文写法从略。

师比　匈奴语 serbi 的音译，带钩名，上有貙（chū，兽名）的形象。《战国策·赵策二》："遂赐周绍（人名）胡服衣冠，具带黄金师比，以傅王子也。"《史记·匈奴传》作"胥纰"，《汉书·匈奴传》作"犀毗"，《楚辞·犬招》王逸注作"鲜卑"。

胭脂　花名，又作"燕支""焉支""胭支""燕脂""烟肢""撚支"。用胭脂花做成的颜料，女子用来涂面美容。《古今注》卷下："燕支，叶似蓟，花似捕公，出西方，土人以染，名为燕支。"

西汉武帝时，发生了一件中外交流史上的大事，就是张骞出使西域。张骞两次出使西域，加强了汉王朝与西北各少数民族、中亚各国的友好关系，增进了相互之间的经济文化交流。[①]

下面的词，研究者一般认为来自西域[②]：

琉璃　一种有色透明的矿物质，来自梵语俗语。《盐铁论·力耕》："璧玉、珊瑚、琉璃咸为国宝。"《洛阳伽蓝记·城西》载元魏贵族元琛豪富，宝器盈室，"自余酒器，有水晶钵、玛瑙杯、琉璃碗、赤玉卮数十枚。作工奇妙，中土所无"。又有"瑠璃""流璃""碧琉璃"等写法。

葡萄、苜蓿　葡萄，又作"蒲陶""蒲桃""葡陶"，来自大宛语（也有人认为来自大夏语或希腊语）。司马相如《上林赋》里有"樱桃蒲陶"的话。

苜蓿，也作"目宿""牧蓿""木粟"，一种牧草和绿肥作物。有人认为来自古伊兰语，也有人认为来自大宛语。《史记·大

[①]　参见《史记·大宛列传》。

[②]　"西域"一词，较早见于《汉书·西域传》。广义的西域，既包括玉门关、阳关以西，葱岭以东地区，也包括葱岭以西的中亚和西亚、南亚的一部分。

宛列传》说："（大宛）俗嗜酒，马嗜苜蓿。汉使取其实来，于是天子始种苜蓿、蒲陶肥饶地。"

仁频　即槟榔。又作"仁宾"，汉时称"仁频"，来自爪哇语。司马相如《上林赋》说："仁频并闾（即棕榈）。"

石榴　安石榴的简称。植物名，也指这种植物的果实。来自伊兰语，也有人认为来自粟特语。安石即安息，西亚古国。张华《博物志》说："张骞使西域还，得安石榴、胡桃、蒲桃。"

琥珀（pò）　一种透明带色的矿物，可做装饰品。来自突厥语，也有人认为来自叙利亚语或中古波斯语。又作"虎魄"。《汉书·西域传》讲："（罽宾国）出封牛、水牛、象、大狗、沐猴、孔爵（孔雀）、珠玑、珊瑚、虎魄、璧琉璃。"

箜篌　一种弦乐器，源自突厥语，西汉时传入我国。又作"空侯"。《隋书·音乐志下》："今曲项琵琶、竖头箜篌之徒并出自西域，非华夏旧器。"《史记·孝武本纪》注则另有乐人侯调造箜篌的说法。[①]

琵琶　东汉末出现，来自西亚一带，后传入龟兹。古龟兹语称为"比般喀"（vipanki），喀是词尾。汉译作枇杷、鼙婆、鼙婪。[②]

汉语词汇中，有一些在一个名词性语素前加"胡"构成的双音词，也与中土和西北各族的交往有关。《现代汉语词典》收有胡豆、胡笳、胡椒、胡萝卜、胡琴、胡荽、胡桃，另外还有如胡饼、胡床、胡鼓等。胡在古书中主要指匈奴，又泛

---

① 《史记·孝武本纪》："益召歌儿，作二十五弦及箜篌瑟自此起。"集解引徐广："应劭云，武帝令乐人侯调始造箜篌。"
② 参见阴法鲁《古文献中不同语言的译语校注问题》，《北京大学学报》1986年第5期。

指北方和西方的少数民族（后又统指外国）。《后汉书·五行志一》："灵帝好胡服、胡帐、胡床、胡坐、胡饭、胡空侯、胡笛、胡舞，京都贵戚皆竞为之。"在汉语原有的词素前面加上一个胡字，表示是一种外来事物。近代有洋火（火柴）、洋布的说法，与此相类似。这些词，有的（比如胡椒）已完全融入了汉语的词汇之中，一般人也想不到它们是外来户。

两汉之交，佛教传入中土。佛教的传入与流布对中国的传统思想和社会生活产生了巨大而深远的影响。随着佛典的大量翻译，一批又一批的新词出现在中国人的口中和笔下，其中的一部分一直使用至今，甚至在汉语的基本词汇中安家落户。下面分三类列举一些常见的词加以说明。

（1）音译词　汉字只表示原词的读音，与原词的意义无关。

佛　梵语 Buddha 的音译，意为"觉者"（包括自觉、觉他、觉行圆满），佛教特指佛祖释迦牟尼。古书中又作"佛陀""浮图""浮屠""佛图"（后三个译名又指塔）。《魏书·释老志》："浮屠正号佛陀……华言译之，则谓净觉。"

菩萨　梵语 Bodhisattva 的音译，意为觉悟有情，以佛道化导众生，释迦牟尼未成佛时称菩萨，也指普度众生的圣者。后来对所崇拜的神灵偶像也称菩萨，如民间常说的观音菩萨、文殊菩萨。

罗汉　原作阿罗汉，梵语 Arhat 的音译，是小乘佛教追求的最高果位，指能够断除烦恼、应受众生供养、永入涅槃而不受生死轮回之苦。佛教寺院中常有十八罗汉、五百罗汉的塑像。

和尚　梵语为 Upādhyāya，读音在古于阗语发生讹变，汉语称为"和尚""和上"。在佛教中指"亲教（亲承教诲）师"。

和尚在中国用来尊称佛教师长，亦称一般僧人。

劫 梵语 kalpa（劫波）的省译。佛教认为世界形成后历若干万年要毁灭一次，而后重新开始，这样一个周期叫一劫。一劫包括成、住、坏、空四个阶段。旧时将天灾人祸称为劫，有难以逃脱的意思（所谓"在劫难逃"）。

魔 梵语 Māra（魔罗）的音译。这个字原写作"磨"，梁武帝时从鬼作"魔"，意思是扰乱、破坏、障碍。佛教认为魔能够扰乱身心，妨碍修行。魔中之王即魔王。

刹那 梵语 Ksana 的音译，古印度一种最短的计时单位（一弹指有六十刹那）。在汉语中指时间极短。

（2）意译词 用汉语中固有的语素表达佛教中的事物和概念。这类词数量巨大，如：

地狱 梵语 Naraka，音译作那落迦。也作 Niraya，音译泥梨。地狱是意译，有八大地狱十六小地狱之说，用以惩处生前作恶的众生。

世界 梵语 lokadhātu 的意译。汉语中原有"宇宙"一词，指上下四方，古往今来。佛经中"世"指时间，"界"指方位。佛教中有大千世界、极乐世界的说法。

过去、现在、未来 "世"有时间迁流的意思。佛教以三世划分时间过程：过去世、现在世、未来世。

烦恼 梵语 klesa 的意译。《大智度论》卷七："'烦恼'者，能令心烦，能作恼故，名为'烦恼'。"佛教指被贪欲困惑的一种心境。

慈悲 《大智度论》二十七："大慈与一切众生乐，大悲拔一切众生苦。"给众生以安乐为慈，拔除众生的痛苦为悲。在汉语中指仁慈与同情。

无常 梵语 Anitya 的意译。佛教认为一切事物有生有灭，处在变异不定的状态中，无常住性，故称无常。

（3）音译加意译 在音译的基础上再加上汉语的一个固有的表义语素，构成一个复音词。

阎罗王 阎罗是梵语 Yamarāja 的音译，即鬼王，掌管地狱之神，加了个语素"王"称阎罗王，又省称阎王。上面提到的魔王也属于这种情况。

尼姑 尼是比丘尼（梵语 Bhiksunī）的省称，佛教指女僧人，与男性僧人比丘相对。加语素"姑"显示了女性的含义。尼庵又称尼姑庵。

上面讲的都是复音词。除了复音词，受佛教传入的影响，还出现了一批数量不小的熟语、成语，也很值得重视。有些是直接从佛经中来的，如著名的瞎子摸象的故事就出自《大般涅槃经》（卷三十二）。下面举几个成语的例子：

不二法门 《维摩诘经·入不二法门品》："如我意者，于一切法无言无说，无示无识，离诸问答，是为入不二法门。"原指不可言说的法门，后喻指唯一的途径、方法。

善男信女 《金刚经·善现启请分》："合掌恭敬，而白佛言：……善男子，善女人，发阿耨多罗三藐三菩提心。"

有些成语和受佛教影响的社会生活有关，如抱佛脚（又说"急来抱佛脚"）。唐·孟郊《读经》："垂老抱佛脚，教妻读黄经。"佛寺早晨撞钟，傍晚击鼓报时，成语有晨钟暮鼓。出家僧人须天天撞钟，成语有做一天和尚撞一天钟。尤其值得注意的，是在后来的一些和尚语录中，出现了一批譬喻精巧、形象生动的成语，一直为人们所使用。如：

竿头进步 《景德传灯录·十·景岑禅师》："百尺竿头不动

人，虽然得入未为真。百丈竿头须进步，十方世界是全身。"

脚踏实地　《祖堂集·七·雪峰和尚》："雪峰师收一脚，独脚而行。（玄）沙问：'和尚作什摩？'师云：'脚根不踏实地。'"

驴唇马嘴　《景德传灯录·十九·文偃禅师》："若是一般掠虚汉，食人涎唾，记得一堆一担骨董，到处逞驴唇马嘴，夸我解问十转五转话。"意谓夸夸其谈。

拖泥带水　《五灯会元·十五·惟简禅师》："师（狮）子翻身，拖泥带水。"

鹦鹉学语　《景德传灯录·二十八·越州大珠慧海和尚》："师曰：如鹦鹉学人语，话自语不得，为无智慧故。"

单刀直入　《景德传灯录·九·潭州沩山灵祐禅师》："若也单刀趋入，则凡圣情尽，体露真常，理事不二，即如如佛。"指认定目标，勇猛精进。后比喻直截了当。

南宋以后，北方的蒙古族、满族相继入主中原，蒙古族贵族统治中国近一百年（元朝），满族贵族统治中国二百六十多年（清朝），蒙语、满语词汇也被借入了汉语。从数量上看，这两类词并不算很多，但在一个时期内对汉语词汇也产生了影响，比如在我们今天所看到的元杂剧（反映元代北方口语）中就集中了一批蒙语借词，其中有的还一直在使用，最突出的例子如：①

站　蒙古语音译，初译作"蘸"。原意指道路，后泛指驿站（驿站管理者称站赤）。罗贯中《风云会》三折："忧则忧当军的身无挂体衣，忧则忧走站的家无隔宿粮。"清朝既用"站"，

---

① 张清常先生撰有《漫谈汉语中的蒙语借词》（《中国语文》1978年第3期）。方龄贵先生著有《元明戏曲中的蒙古语》（汉语大词典出版社），解释了114条蒙古语词，本文的解释主要依据这部词典。

又用"驿"，现代汉语只用站，且意义有扩大（如工作站、保健站等）。

胡同 蒙语音译，又作"衚衕""胡洞""湖洞"，原意指水井，转指街巷（主要指窄的街巷），通行于北京和北方其他一些地方。

把势（把式） 蒙语音译，原意指老师、师傅。这个蒙语词来源于汉语的"博士"，后来回到汉语后指武艺、内行或擅长某种技艺的人。《西游记》七十七回："不要怕，等我看他是雏儿妖精，是把势妖精。"

歹 蒙语音译词。关汉卿《窦娥冤》三折："地也，你不分好歹何为地！"

满语借词如阿哥（父母称儿子）、贝勒（亲王）、额娘（母亲），我们今天还可以在电影、电视剧里听到。萨其马（一种糕点名）一直活跃在我们的口语中。

16世纪初叶，随着西方殖民主义者对中国的入侵，西方传教士开始在中国传教，并向中国人传播西方文化和先进的科学知识，一些中国知识分子（如徐光启、李之藻等）也翻译、撰写自然科学著作。由于"其所著书多华人所未道"，中国对西方的门户一旦打开，一批又一批的新词便潮水般涌进了汉语之中。下面是王征所译《远西奇器图说录》（1627年）中的一些意译词：①

齿轮	滑车	风扇	螺丝
机车	起重	轮盘	地球
重心	水库	比例	载重

---

① 转引自潘允中先生《汉语词汇史概要》，第142页。

自鸣钟　　自行车　　地平线

有一批意译词影响甚大。特别是一些科学术语，比如"几何"，源自意大利语，徐光启意译为"几何"，获得了大家的一致认同，久用不废。

清雍正以后，海禁大开，中西交通更加繁荣。鸦片战争震撼了中国社会，开辟出了中国历史的一个新阶段，兴办洋务，出洋留学，建新学堂，开同文馆、翻译馆，翻译事业日盛，音译意译的新词日多。这些词主要来自三个方面：①音译自印欧语的；②借用日译词，日语借词；③意译印欧语词。下面分别举例说明。①

（1）来自印欧语的音译词。

安培	盎司	白兰地	磅
芭蕾	打（单位）	氦	海洛因
华尔兹	卡	吉普	加仑
奎宁	凡士林	伏特葛	郎玛（语法）
麦克风	摩登	赛因斯（科学）	
雪茄	沙龙	德谟克拉西（民主）	

在音译中，有一类词的用字既考虑到原词的读音，又兼顾到汉字的意义，收一举两得之效。如：引得（英，index）、模特儿（英，model）、法老（英，pharaoh）。后来的的确良也是这样（译自英语 dacron）。

还有一类可以称为半音半意词，以音译为基础，再加上一个表意成分。如：

卡车（英，car）　　驳船（英，barge）

---

① 主要参考刘正埮、高名凯等编《汉语外来词词典》，上海辞书出版社。

啤酒（英，beer）　　盖白林鱼（英，capelin）

（2）借用日语意译词，日语借词。

自 1868 年明治维新之后，西方的文化科学技术书籍大量被译成日语。在翻译这些外来词（主要是英语词）的时候，日本人一般是采用意译的办法，就是用汉字构造一个新词去表示原词的意义，而读起来是依照日语的发音。1894 年中日甲午战争以后，赴日留学的中国人越来越多，这样一些日语意译词开始大量进入汉语。由于日本人在翻译西洋的名词术语时用的是汉字，所以我们可以很方便地加以借用而不必另外再去翻译，借过来以后自然要依照汉语的发音去读。借过来的只是词形和词义，读音已经完全变了。这些词大致有两种情况：①用两个汉字构造一个新词意译西洋词，这是造新瓶装新酒，这一类数量最多。②利用古汉语原有的语词（或短语）意译西洋词，这是用旧瓶装新酒。

第一类的例子如：

错觉　抵抗　电子　动员　大本营　地质

定义　独裁　大气　电报　单元　电车

导火线　电池　低能　动机　动力　动脉

动态　短波　对象　对照　反感　反响

反应　暗示　版画　半径　饱和　悲剧

背景　变压器　辩证法　标语　表决

波长　不动产　常识　衬衣　成分

承认　乘客　乘务员　抽象　出版

出发点　出庭　传染病　创作　刺激

公报　公民　公仆　公诉　公债

关系　观测　观点　观念　光年

光线　固体　广告　广义　归纳

国际　国库　寒带　航空母舰

号外　化石　化学　化妆品　画廊

会话　会谈　混凝土　活跃　反射

泛神论　范畴　方案　方式　放射

分解　否定　否决　复员　概念

干部　高潮　高炉　高射炮　工业

第二类的例子如：

文学　古汉语中原指文献典籍。《论语·先进》："文学，子游子夏。"用以译英语 literature。

法则　《周礼·天官·大宰》："二曰法则，以驭其官。"唐孔颖达疏："法则谓官之制度。"用以译英语 law，rule。

分析　古汉语中分析是分开的意思。《后汉书·徐防传》："其后诸家分析，各有异说。"用以译英语 analysis。

封建　古汉语中原指封土建国。《左传·僖公二十四年》："封建亲戚以蕃屏周。"又："周之有懿德也，犹曰'莫如兄弟'，故封建之。"用以译英语 feudalism。

干事　《易·乾》："贞固足以干事。"唐孔颖达疏："言君子能坚固贞正，令物得成，使事皆干济（成就）。"干事指成就其事。用以译英语 manager，secretary。

这样的例子还有，如：

反对　方程　分配　分子　封锁　纲领

革命　共和　规范　国体　环境　保险

保障　悲观　标本　表象　博物　储蓄

代表　法人　单行　道具　登记　独占

从上面有限的例子可以看出，这些词涉及社会生活特别是文化、科学的各个方面，在汉语中已经完全生了根，使用十分频繁，成了汉语词汇特别重要的一部分，而且一般人已经意识不到它们是从西洋出发，途经日本漂洋过海到中国来的。

还有一类词，是日语"自己"的，和西洋词无关。因为这些词也是用汉字表示的，中国人也就借用了，这就是我们说的日语借词。如：

病虫害　不景气　参观　参看　参照

场合　场所　成员　出口　德育

读本　读物　番号　方针　服务

副食　副手　公立　公判　公认

故障　广场　国立　海拔

（3）意译西洋语词。方式和从日本借来的差不多，或者是自造新词，或者是借旧词表新义。自造新词的例子如：

电影　日译映画　译英语 film, movie。

邮政局　日译邮便局　译英语 post-office。

肥皂　日译石碱　译英语 soap。

借用旧词的例子如：

教育　《孟子·尽心上》："得天下英才而教育之，三乐也。"译英语 education。

经理　古汉语中有经营、管理、办理的意思，一般做动词用。《史记·秦始皇本纪》："经理宇内。"《后汉书·曹褒传》："经理馈粥（厚粥）。"用以译英语 manager。

政治　古汉语中有政事之治理的意思。贾谊《论积贮疏》："政治未毕通也，远方之能疑者，并举而争起矣。"《说苑·敬慎》："政治内定，则举兵而伐卫。"用以译英语 politics。

回过头来看看汉语吸收的新词，有两点我们应当注意。

一是汉语吸收西洋词语，大量采用日本人的译名。这类词一出现，便很快被汉语接纳，成了汉语词汇的有机组成部分。原因在于这类词用的是意译的办法，用的又是汉字，而且大致符合汉语词语的构词方式，所以中国人接受起来就乐意。二是音译词与意译词比较，意译词占优势。中国人总希望听其音能识其义，或者观其字能识其义，意译词正符合这种心理。从音节结构讲，汉语里双音词占优势，外来的新词如果采用音译，译出来往往不止两个音节，念起来不顺口，所以意译词比音译词更受欢迎。最能证明这一点的是有些音译词后来又改成了意译。五四运动时期德先生和赛先生叫得特别响。德先生是德谟克拉西，是英语 democracy 的音译。赛先生是赛因斯（又译"赛恩斯"），是英语 science 的音译。这两个词后来换成了民主、科学。其他如德律风换成电话，水门汀、士敏土换成水泥，都是很著名的例子。

主要参考书目

1. 王力:《汉语史稿》《汉语词汇史》

2. 蒋绍愚:《古汉语词汇纲要》

3. 向熹:《简明汉语史》

4. 潘允中:《汉语词汇史概要》

5. 叶蜚声、徐通锵:《语言学纲要》

6. 石安石:《语义论》

7. 徐烈炯:《语义学》

8. 裘锡圭:《文字学概要》

9. 徐中舒:《甲骨文字典》

10. 刘正琰等:《汉语外来词词典》

11. 帕默尔:《语言学概论》

后 记

　　书的初稿草成后，承蒋绍愚老师仔细审阅，提出不少宝贵意见。书中未能一一注明，谨记于此，以致谢意。

张联荣

1995年12月于北京

再版后记

　　这本小书完成于1995年末，算起来距今已有四分之一世纪的时间了。当时北京大学中国传统文化研究中心组织编写一套"中国历史文化知识丛书"，本书是丛书选目之一。

　　同各个领域的学术研究一样，对汉语词汇演变的研究在这二十几年的时间里也取得了长足的进步，引人注目的新成果不断涌现。这些进步的取得，究其原因有两点是不可忽视的，一是对新的理论方法的不断探索，二是文献典籍语料的数字化。在理论方法方面，一个显著的变化就是汉语词汇的历时研究不再局限于描写，而是在描写的基础上致力于对汉语词汇演变的机制做出解释；而对机制的解释不是单纯的排比材料所能济事的，需要有理论方法的指导。文献典籍语料的数字化，大型电子语料库的制作给人们研究提供了极大的方便，能够极为便捷地搜取海量的语料，在语料的利用上避免以偏概全，从而得出更为符合实际的结论。

　　汉语词汇研究之难，凡涉足这一领域的研究者无不有切身的感受，很多难点至今仍有待破解（比如双音词的界定、词义的认知研究、词汇研究同句法语义的结合等）；唯其难，就更能激发我们探索真知的激情，从中感受汉语研究的无限乐趣。

　　"汉语词汇的流变"是一个大题目，这样一本知识性的小书难以尽述，即使提纲挈领也做不到，只能给读者提供一个大致的线索或者说提示。所提供的提示今天看来有的可能已经过时，有的也可能是谬误，希望得到批评指正。

张联荣

2020 年 9 月

图书在版编目（CIP）数据

汉语词汇的流变 / 张联荣著. -- 桂林：漓江出版
社, 2023.7
ISBN 978-7-5407-8922-0

Ⅰ.①汉… Ⅱ.①张… Ⅲ.①汉语－词汇－研究
Ⅳ.①H13

中国版本图书馆CIP数据核字(2020)第178518号

HANYU CIHUI DE LIUBIAN
汉语词汇的流变
张联荣　著

出 版 人：刘迪才
策划编辑：张谦
责任编辑：辛丽芳
封面设计：星星　曾意
责任监印：张璐

出版发行：漓江出版社有限公司
社址：广西桂林市南环路22 号　邮编：541002
发行电话：010-85891290　0773-2582200
邮购热线：0773-2582200
网址：www.lijiangbooks.com
微信公众号：lijiangpress
印制：北京中科印刷有限公司
[北京市通州区宋庄工业区1号楼101号　邮编：101118]
开本：660mm×950mm　1/16
印张：12.5　字数：140千字
版次：2023年7月第1版　印次：2023年7月第1次印刷
书号：ISBN 978-7-5407-8922-0
定价：42.00元